新时代文秘类专业新形态系列教材

总主编◎向　阳　　总主审◎李　忠

秘书技能综合实训

主　编◎韩开绯　秦　垒　向　阳
副主编◎田艳珍　袁思强　罗丽丽　郭向阳

重庆大学出版社

图书在版编目 (CIP) 数据

秘书技能综合实训 / 韩开绯，秦垒，向阳主编.
重庆：重庆大学出版社，2025.8. -- ISBN 978-7-5689-
5318-4

I. C931.46

中国国家版本馆 CIP 数据核字第 2025JB4461 号

秘书技能综合实训
MISHU JINENG ZONGHE SHIXUN
主　编　韩开绯　秦　垒　向　阳
策划编辑：唐启秀
责任编辑：黄菊香　　版式设计：唐启秀
责任校对：刘志刚　　责任印制：张　策
*
重庆大学出版社出版发行
社址：重庆市沙坪坝区大学城西路 21 号
邮编：401331
电话：（023）88617190　88617185（中小学）
传真：（023）88617186　88617166
网址：http://www.cqup.com.cn
邮箱：fxk@cqup.com.cn（营销中心）
全国新华书店经销
重庆新荟雅科技有限公司印刷
*
开本：787mm×1092mm　1/16　印张：14　字数：304 千
2025 年 8 月第 1 版　　2025 年 8 月第 1 次印刷
ISBN 978-7-5689-5318-4　定价：45.00 元

丛书编委会

总主审 李　忠

总主编 向　阳

编委会成员

肖云林　向　阳　王锦坤

韩开绯　孔雪燕　赵雪莲

金常德　吴良勤　王　曦

总　序

　　在习近平新时代中国特色社会主义思想的指导下，中国职业教育迎来了空前的发展。各职业院校在深入贯彻党的二十大精神的同时，始终坚持党的领导，坚持正确办学方向，坚持立德树人，优化类型定位，深入推进育人方式、办学模式、管理体制、保障机制改革。职业院校的教师们以建设技能型社会、弘扬工匠精神为指南，培养了大批大国工匠、能工巧匠、技能人才，为全面建设社会主义现代化国家、赋能新质生产力、助力人才强国提供了有力的人才和技能支撑。

　　现代文秘专业在职业教育改革的大潮中锚定目标，厚积薄发，积极地与新经济、新产业、新业态融合，对标现代服务业，坚持产教融合、校企合作，推动形成产教良性互动、校企优势互补的发展格局，释放出文秘类专业职业教育的新空间、新活力，取得了一系列令人瞩目的教学、科研、实践的成果。本系列教材正是在这样的形势下开始策划和推动的。随着时代的不断发展，信息技术的迭代更新，文秘工作已经不仅仅是简单的文字处理和事务管理，它要求从业人员具备更加出色的政治素养、全面的职业素质、精湛的专业技能和敏锐的时代触觉。这套新形态教材的编写出版，旨在为文秘类专业的学生和从业者提供一个全新的学习平台，帮助他们更好地适应未来职业发展的需求。

　　在教育部职业院校教育类专业教学指导委员会文秘专业委员会的直接指导下，在重庆大学出版社的大力支持下，我们以国家《现代文秘专业标准》为依据，集合了全国多所职业院校文秘类专业的专业带头人和优秀老师，共同编写了这套符合"立德树人"整体要求、凸显校企融通思路的新形态教材。这套教材的编写，紧密结合了企事业单位对文秘人才的现实需求，充分吸收了最新的智慧办公、数字行政方面的成果，力求在传授专业知识的同时，培养学生的实践能力和创新精神。我们遵循高职教育的规律，以人才培养为核心，以行业需求为导向，以提升学生的综合素质和职业技能为目标，努力打造一套既符合高职教育特点，又具有鲜明时代特色的文秘类专业系列教材。

在编写过程中，我们坚持"为党育人，为国育才"的基本出发点，将课程思政贯穿每一本教材的始终。通过深入分析当前企事业单位对文秘人才的需求趋势，结合高职教育的特点和人才培养模式，我们力求在教材中融入最新的教育理念和教学方法，使之既符合教育规律，又能有效提升学生的职业技能和综合素质。在内容的选择上，我们力求精简、实用，避免空洞的理论阐述，而是更多地关注实际操作和应用，力求使每一章节、每一个知识点都能紧密联系实际，服务学生的未来职业发展；在版式设计上，我们采用了大量的图表、案例和实训练习，使学生在学习过程中能够更直观地理解知识点，更好地掌握实际操作技能。同时，我们还配套了大量的多媒体教学资源，包括视频教程、在线测试、模拟实训等，旨在为学生提供一个更加丰富、多元的学习环境。通过对这些资源的使用，学生可以随时随地进行自主学习和实践操作，进一步提升学习效果和职业技能。

我们坚信，这套文秘类专业新形态教材的出版，必将对推动新时代文秘类专业教育的发展产生积极且深远的影响。我们期待它能够成为广大师生学习、教学的得力助手，为我国文秘人才的培养贡献智慧和力量。

在此，我们要再次感谢重庆大学出版社对这套教材的编写和出版的全力支持。他们的专业团队在内容策划、编辑校对、版式设计等方面都给予我们宝贵的建议和帮助，使这套教材能够更加完善、更加符合读者的需求。

展望未来，我们将继续关注文秘行业的最新发展动态，不断更新和完善教材内容，确保其始终与时俱进、紧跟时代步伐。由于编者来自不同的院校，且水平有限，教材中难免存在一些不足，我们希望广大师生能够积极使用这套教材，并提出宝贵的意见和建议，共同推动文秘类专业教育的不断发展和进步。

让我们携手努力，共同书写文秘类专业教育的新篇章！

编　者

2024 年 3 月

前　言

在全面建设社会主义现代化国家的新征程中，职业教育作为培养高素质技能人才的重要方式，其地位和作用愈加凸显。秘书职业作为组织运行中的重要支撑，承担着沟通上下、协调左右的关键职能。因此，加强秘书人才培养，提升其实践能力和综合素质，对推动组织的高效运转具有重大意义。基于这样的背景与需求，我们力求体现新时代职业教育的新理念、新要求和新技术，以培养学生的职业技能和职业素养为核心，通过一系列实训项目的设计与实施，提升学生的实践能力和综合素质。实训是职业教育的重要组成部分，它不同于传统的理论教学，更注重学生在真实或模拟的工作环境中，运用所学知识和技能解决实际问题的过程。在这个过程中，学生能够加深对理论知识的理解和应用，同时培养其解决实际问题的思维方法和工作能力。

文秘专业实训课程有两种理解。第一种理解为在文秘专业教育过程中，各门课程针对本课程需要所进行的实践训练活动。第二种理解为学生已经完成了文秘专业主干课程的学习，针对学生所学知识和技能进行强化，培养和提高学生综合运用所学知识和技能的能力水平。设置秘书实训课程主要是为满足后者的教学需要。这类课程从专业认证的角度，也称为"顶点课程"或"顶石课程"。

"顶点课程"是美国在20世纪80年代为了提高本科教育质量而提出的一种新型课程，主要针对美国高校的高年级学生，特别为临近毕业的学生开设的一种综合性课程。这门课程是一种让学生整合所学领域的知识，并充分利用这些知识，同时培养相关技能和态度的课程。有学者认为，"顶点课程"是一种终极性课程，他们期待在这种体验中整合、拓展、批判和应用在学科领域和跨学科领域的学习中所获得的知识；也有学者认为，"顶点课程"是在学生学完一系列课程之后出现的一种最精彩、最完美的课程，是大学生从在校生转变为毕业生的"生命礼仪"，为学生提供向后回顾和向前展望的体验。学生向后回顾所学过的大学课程以获得这种体验的意义，又在这种体验的基础上向前展望未来的生活。与此类似，还有学者认为，"顶点课程"是大学生从受教育者到职业人的转折点，既应该为学生提供一个对过去学习的类似闭幕式的总结，又应该为学生提供一些新主题的探索，以帮助他们超越现有知识范围，达到一个新的境界，从而能够面对工作中的挑战。

经过多年的尝试，我们决定脱离传统课堂的束缚，开设了"秘书技能综合实训"的课程，把秘书学习的空间架设在特定的职场情景中，让学生提前步入职场真实的氛围，在学习的过程中运用所学知识和技能，逐步靠近秘书工作岗位，实现从学生到职业人的角色转变。

本书既是针对"秘书技能综合实训"课程的教材，又是以成果导向理念为指导的秘书专业实训指导书，还是从学生、教师、专业三个层面检核学生能力达成度的"顶点课程"。本书在体例编排、内容设计、使用方法和实训模式方面都不同于以往的同类教材，以仿真的工作任务、仿真的工作环境、仿真的角色设计为特点，以练就学生过硬的工作技能、真实的职业要求、适切的职场心态为目标，通过对文秘专业主要的知识点、技能点和素养点的重新解构，最终整合成三大项目，将企业的管理方法和思维方式直接植入课堂，并以企业真实的绩效考评机制为评量方式，缩短了职场与学校之间的距离，是对传统教材和专业课程教学的一种改革尝试。同时，本书在编写过程中充分贯彻了习近平总书记关于职业教育要"服务发展、促进就业"的指导思想。我们不仅关注学生的技能培训，更注重培养学生的职业素养和职业道德，使他们成为既具备专业技能又拥有高尚职业道德的高素质人才。

本书在筹备过程中得到了中创慧文（北京）科技有限公司的大力支持。本书以实训任务单为引领、以故事为主导、以情景模拟为训练方式、以绩效考核为评价标准的模式创新了实训教材。希望通过这样的努力为文秘专业老师和同学提供一个全新、有趣、生动的教学模式，让秘书人员及相关专业的学生享受"做中学""玩中学"的学习过程。

本书作者除来自河源职业技术学院的文秘专业教师外，还邀请了湄洲湾职业技术学院、广东科学技术职业学院、安徽商贸职业技术学院等学校长期奋斗在教学一线的优秀教师，以及中创慧文（北京）科技有限公司的教育专家、课程开发专家和技术专家的加盟，是一本校企共建、工学结合的立体化教材。

在本书的编写过程中，韩开绯老师负责整体策划、沟通协调和统稿工作，秦垒老师、田艳珍老师负责文字编辑，向阳老师负责视频收集和PPT的制作，袁思强老师、罗丽丽老师负责拓展材料的编辑（可至出版社官网该书平台下载使用），郭向阳老师负责案例的收集与整理。本书是大家集体智慧的结晶。

在此特向支持本书编写的河源职业技术学院 2017 级、2018 级、2019 级、2020 级所有文秘专业的学生表示衷心的感谢；向对本书作出重大贡献的中创慧文（北京）科技有限公司的郭向阳老师、彭斌老师表示衷心的感谢；向重庆大学出版社唐启秀编辑表示衷心的感谢。此外，本书在编纂过程中也参考了部分国内学者的相关研究成果，在此一并表示感谢。

韩开绯

2024 年 10 月于莆田

仿真工作环境

在秘书事务所展开实训，事务所组织架构可参考下图。

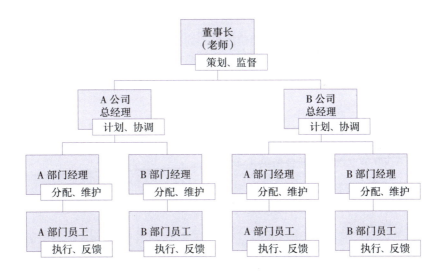

具体操作：

教师（董事长）组织全班同学分成若干小组，成立秘书事务所，建立事务所组织架构，分配不同的角色，通过统一管理，协调配合，完成不同的工作任务。注意事项如下。

（1）秘书事务所设立内部机构，明确各自的工作职责。所设部门尽可能具备一定的文秘岗位职能。例如，行政部、市场部、人力资源部、策划部等。

（2）每个部门设经理1名，下属员工若干名，各部门人数尽可能相当，便于分配任务，开展工作，也便于进行绩效考核。

（3）各部门之间既有明确的分工，又要注重合作，相互支持，相互配合，以出色完成实训任务为基本目标。

仿真绩效考核

一、整体要求

每个项目分配固定运营经费，每个岗位的员工均有基本工资，并按完成的工作任务分配绩效工资，两者相加就是员工的收入，事务所根据收入对员工进行考核。

（一）绩效考核规定

（1）每月 10 000 元以上为优秀员工。

（2）每月 6 000 ～ 9 000 元为合格员工。

（3）每月 5 000 元以下为不合格员工。

（二）员工奖励规则

员工有以下情况，由董事会负责提出奖励，由董事长提交公司人力资源部，计入每月收入。

（1）全勤，每人当月奖励 100 元。

（2）对公司规则提出合理化建议，并被采纳的每人当月奖励 300 元。

（3）在完成自己任务的情况下，帮助其他员工完成工作任务，且效果明显，每人当月奖励 100 元（由被帮助方提出申请，由董事会认定即可奖励）。

能高质量、创造性地出色完成工作任务，每项任务每人奖励 100 元（由承办方提出申请，由董事长认定即可奖励）。

（三）员工处罚规则

员工有以下情况，由董事会负责提出处罚，每月由董事长提交给公司人力资源部处理。

（1）请假一天。

（2）迟到五分，十分，三十分。

（3）未佩戴胸牌。

（4）服装不合规范。

（5）不规范语言。

（6）不服从安排。

（7）影响团结的行为。

二、绩效与课程分数的换算

资金总数可根据班级实际人数进行调整。本课程所有资金均为虚拟资金，仅为考核和计分需要。

（一）绩效与分数具体折算

（1）优秀员工，折合课程成绩为90分以上。

（2）合格员工，折合课程成绩为70～90分。

（3）不合格员工，折合课程成绩为70分以下。

（二）课程最终成绩计算规则

学期以3次项目考核成绩为基础分，奖励分作为附加分计入，两者相加为课程最终成绩。课程成绩为不及格的，下学年重修本课程。具体如下表所示。

项目	第一次／分		第二次／分		第三次／分	
	基础分	奖励分	基础分	奖励分	基础分	奖励分
项目一						
项目二						
项目三						
小计						

仿真工作角色

一、角色资金分配

（1）董事长 1 名。由任课老师担任，无底薪。

（2）总经理 1 人。每家事务所设 1 位总经理，每月底薪 2 000 元。

（3）部门经理 3～4 人。每家事务所分设 3～4 个部门，各设部门经理 1 人，每月底薪
1 800 元。

（4）部门员工若干名。每个部门员工人数应大体相当，员工每月底薪 1 500 元。

二、角色工作职责

（1）董事长，主要负责课程全面管理，与总经理共同策划各项活动，对活动进行整体监
控，对全体成员进行考核。

（2）总经理，主要负责各自事务所的组建、各部门负责人的任命，布置日常工作，分配
工作任务，协调各部门工作的开展。

（3）部门经理，主要负责接受总经理分派的工作任务，并对任务进行分解，将工作任务
合理分配给部门员工，并对部门进行日常管理，负责建设良好的团队文化。

（4）部门员工，主要负责完成事务所的日常工作任务，积极与本部门的员工进行配合，
做好团队建设。

（5）公司董事会，任课老师与事务所总经理组成董事会，负责对整个实训活动进行管
理，决定员工的奖励或处罚，考核各部门的工作质量，并调解工作进展中出现的争议，解决
实训方案中存在的问题。

项 目 一
初入职场——企业与企业管理

导读

要成为一名优秀的秘书，首先必须顺利通过面试，入职后应尽快了解企业的组建流程、企业的组织架构、各部门的职责和业务范围，才能更好地了解企业的运营特点，有针对性地开展工作，更好地辅助领导进行内部的管理。为了让自己的发展目标更为清晰，还有必要根据自身的特点做好职业规划。

知识目标

1. 了解公司的类型和组建流程、公司的内部组织架构；

2. 熟悉办公室环境管理的内容；

3. 掌握招聘文书的类型和写作要求、简历的基本内容；

4. 熟悉面试的基本礼仪和要求；

5. 了解秘书的职业生涯发展规划；

6. 掌握庆典类活动策划的方法。

能力目标

1. 能共同完成组建秘书事务所；

2. 能够进行办公室的环境管理；

3. 能够拟写常见的招聘文书；

4. 能够制作标准的简历；

5. 能够完成基本的面试流程模拟；

6. 能够完成秘书岗位的职业生涯发展规划；

7. 能够策划秘书事务所的揭牌仪式活动。

素养目标

1. 树立主动沟通交流的意识和自主学习的意识；

2. 认同和尊重秘书岗位和秘书工作；

3. 培养谦虚谨慎、平等待人、举止有礼的个人素养。

学习导图

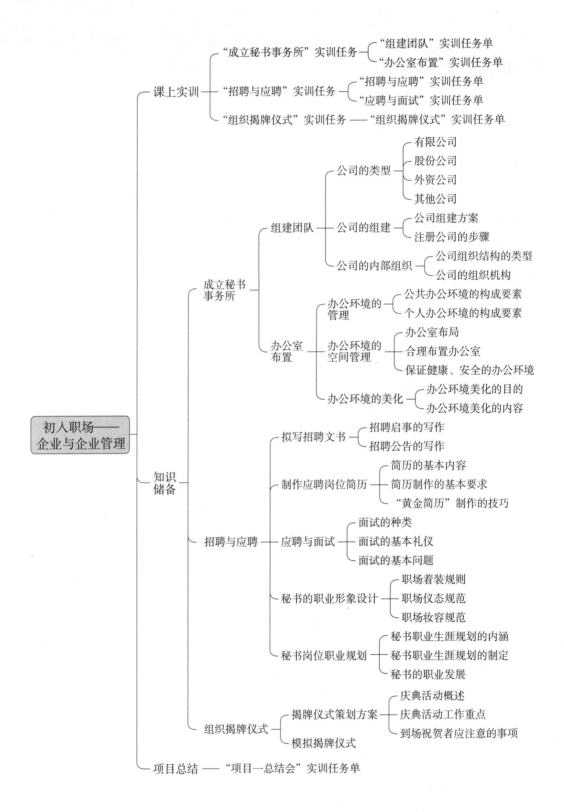

初入职场——
企业与企业管理

- 课上实训
  - "成立秘书事务所"实训任务
    - "组建团队"实训任务单
    - "办公室布置"实训任务单
  - "招聘与应聘"实训任务
    - "招聘与应聘"实训任务单
    - "应聘与面试"实训任务单
  - "组织揭牌仪式"实训任务 —— "组织揭牌仪式"实训任务单
- 知识储备
  - 成立秘书事务所
    - 组建团队
      - 公司的类型
        - 有限公司
        - 股份公司
        - 外资公司
        - 其他公司
      - 公司的组建
        - 公司组建方案
        - 注册公司的步骤
      - 公司的内部组织
        - 公司组织结构的类型
        - 公司的组织机构
    - 办公室布置
      - 办公环境的管理
        - 公共办公环境的构成要素
        - 个人办公环境的构成要素
      - 办公环境的空间管理
        - 办公室布局
        - 合理布置办公室
        - 保证健康、安全的办公环境
      - 办公环境的美化
        - 办公环境美化的目的
        - 办公环境美化的内容
  - 招聘与应聘
    - 拟写招聘文书
      - 招聘启事的写作
      - 招聘公告的写作
    - 制作应聘岗位简历
      - 简历的基本内容
      - 简历制作的基本要求
      - "黄金简历"制作的技巧
    - 应聘与面试
      - 面试的种类
      - 面试的基本礼仪
      - 面试的基本问题
    - 秘书的职业形象设计
      - 职场着装规则
      - 职场仪态规范
      - 职场妆容规范
    - 秘书岗位职业规划
      - 秘书职业生涯规划的内涵
      - 秘书职业生涯规划的制定
      - 秘书的职业发展
  - 组织揭牌仪式
    - 揭牌仪式策划方案
      - 庆典活动概述
      - 庆典活动工作重点
      - 到场祝贺者应注意的事项
    - 模拟揭牌仪式
- 项目总结 —— "项目一总结会"实训任务单

子项目一　成立秘书事务所

任务一　组建团队

案例导入

　　A公司是一家贸易公司，股东和法人代表是小李，由于经营不善，2018年A公司倒闭，倒闭的A公司不但没有资产，还欠银行97万元的贷款。小李为了维持生计只好外出打工，没想到银行却要求他承担无限连带责任用自己的个人财产偿还A公司贷款。小李觉得很奇怪，为什么明明注册的是有限责任公司，却要承担无限责任还贷款呢？经过调查，原来当时A公司的注册资金是58万元，但是用于验资的是个人存折，并不是在企业账户上，所以A公司的注册资金不到位，既然有限公司的资格不成立，那么就是无限责任的公司，作为出资人股东的小李就必须对整个经营过程中产生的后果负全部责任，也就是说有限责任公司的有关权利他不能享受。

　　注册公司还有这么多名堂，虽然在学校经常听到学生"创新创业"，但如果不事先做好充分准备还真不行。

思考：

1.公司有哪些类型？

2.注册公司包括哪些具体步骤？

3.公司内部的组织架构是怎样的？

实训任务

"组建团队"实训任务单

项　　目	一		任务名称	组建团队
实训课时	4	实训地点		指导教师
实训学生				

实训目的	掌握公司组建相关事务的方法和技巧。
提交材料	事务所章程（500）、事务所规章制度（500）、事务所名片设计（2 000）、事务所架构图（500）。 （注：括号内的数额是项目启动资金参考值，单位：元，全书同）
事务所 实训反思	事务所工作分工如下： 在工作过程中，比较困难的事情有： 改变这种困难的状态可以采取以下方法： 使我们项目的工作更加高效的做法：

实训任务：组建团队（3 500）

　　2018 年教育部职业院校教育类教指委文秘专委会成立以来，在高职院校文秘专业加大推进秘书事务所联盟的建设，你所在的学院也打算加入联盟，经学校批准，决定成立秘书事务所，并分配了一套 100 平方米左右的实训室作为秘书事务所办公地点。现成立了筹备小组，着手推进秘书事务所组建的相关工作。为此，筹备小组的成员召开了会议，对组建工作进行了部署和分工。

任务：

　　1. 根据班级人数，以 7 为基数，自愿组成秘书事务所，并选出总经理人选。

　　2. 总经理领导自己的员工，根据秘书事务所的工作内容，完成组织架构图，形成秘书事务所章程和规章制度，并严格遵守。

　　3. 做好秘书事务所形象识别设计工作，包括 LOGO、员工工作牌等。

要求：

　　1. 每个员工根据任务提交纸质版材料，电子版材料于规定时间提交至学习通课程上。

　　2. 做好每个项目的图片、视频等原始资料的拍摄和保存。

一、公司的类型

　　公司的出现是由于个体户、合伙形式的企业满足不了所有权（股东）和经营权（职业经理人）的分离而出现的产物。其实我国古代就有公司雏形，比如电视剧《乔家大院》里东家每年年底都要召集各地的掌柜回来合龙门账（中国古代的会计记账方法），东家就是股东，掌柜就是职业经理人。

　　在学习公司的类型之前，先了解一下企业和公司的区别，简单地说，企业的范围比较大，企业包含了公司，公司是根据《中华人民共和国公司法》设立的组织，企业除包括公司以外，还包括个人独资企业、合伙企业、外资企业等（但是不包括个体工商户）。

　　当然，这两个词有一个共同点，都是以盈利为目的的组织形式。此外，企业和事业是一个相对名词，企业肯定是以盈利为目的的，事业单位就不是以盈利为目的的组织，比如医院、学校都是事业单位。

常见的公司类型主要是有限公司（有限责任公司）、股份公司（股份有限公司）、外资公司以及其他公司形式。

（一）有限公司（或有限责任公司）

有限公司是公司中比较初级层次的公司，股东规定是 50 人以内，并且股东要转让股权的话原有股东在同等条件下有优先购买权。正是因为有限公司的股权买卖有一定的限制，很难在公开市场上交易，所以股东的股权比例是按百分比来区别的，比如创始人 A 占 60%，联合创始人 B 占 20%，风险投资人 C 占 20%。

有限公司主要特点就是股东承担的责任是有限的，比如，你参与投资了某个企业，其注册资本为 100 万元，你投了 20 万元占 20%。公司出事了，要承担 200 万元的债务，如果是合伙企业，大家就要连带承担 200 万元的债务，而有限公司的股东只要你 20 万元认缴资金（或者实物、知识产权、土地使用权等）到位了，你就不用承担更多的责任了，因此叫"有限责任"。

此外，还有一种叫一人有限公司的，就是说股东只有一个人，这个和个体户的区别在于，虽然股东只有一个，但是依据《中华人民共和国公司法》注册了公司，这个股东只要按注册资本的金额认缴了资金，他就承担了所有的责任，不用把个人、家庭财产拿出来赔。

一个自然人只能设立一家一人有限公司（但可以设立多个个体工商户或者个人独资企业），如果是法人设立一人有限公司的数量就无限定了。一人有限公司还有一种特殊的形式，叫国有独资公司。

另外，公司取名时，公司类型用"有限公司"和"有限责任公司"都是可以的，代表同样的意思，都是有限公司。

（二）股份公司（或股份有限公司）

股份公司是指公司资本为股份所组成的公司，股东以其认购的股份为限对公司承担责任的企业法人。公司的全部资本被划分为等额股份，每一股代表公司资本的一个等额，股东通过购买股份成为公司的出资人，享有股东权利。股东对公司债务的承担以其所认购的股份为限，即股东只需要承担其出资部分的有限责任，同时股东持有的股份可以自由买卖和转让。但是，股份公司的财务状况、经营成果等信息需定期向股东和社会公众披露，保持公司的透明度和公信力。

股份公司的组织机构通常包括：股东大会，即公司的最高权力机构，由全体股东组成，负责审议和决定公司的重大事项；董事会，由股东大会选举产生，负责公司的日常经营管理和决策；监事会，由股东大会选举产生，负责监督董事会的经营行为，确保公司合规运营。

（三）外资公司

外资公司即外商独资经营的企业，是指依照中国有关法律在中国境内设立的全部资本由外国投资者投资开办的企业，是中国法人，不包括外国的公司和其他经济组织在中国境内的分支机构。外资公司包括中外合作企业、中外合资企业、外商独资企业，简单地说就是合作、合资、独资三种企业类型。

（1）中外合作企业，是由外国的企业、其他经济组织或个人同中国的企业或其他经济组织，在中国境内举办的契约式企业。合作各方的合作条件、收益分配、风险和亏损分担、投资回收和经营管理方式及合作终止时剩余财产的归属等，均在合同中约定。中外合作经营企业与中外合资经营企业最重要的区别是，合作各方的投资或合作条件可以不折算成股权或者虽折算成股权，但收益分配、风险承担、债务分担及企业终止时剩余财产的分配等，可完全不按或不完全按其投资的股权状况来决定。投资回收方式和经营管理方式也可与合资企业不同，有更大的灵活性。

（2）中外合资企业，是由外国公司、企业和其他经济组织或个人同中国的公司、企业或其他经济组织，在中国境内共同投资、共同经营、共享利润、共担风险的股权式有限责任公司。投资各方按注册资本投资比例（股权）分享利润和分担风险及亏损。

（3）外商独资企业，是由外国的企业、其他经济组织或个人，在中国境内设立的全部资本由外国投资者投资的企业。企业所获利润全部归外国投资者所有。

（四）其他公司

除上述几种公司形式外，还有几种常见的公司形式。

1.集团公司和公司集团

集团公司不是一种法定的组织形式（《中华人民共和国公司法》里没有相关规定），通常是一些自认经营比较好的国企或者民企设立的一家有限公司或者股份公司，所以它是一个法人。然而，要设立集团公司也是有一定门槛的，通常注册资本不能少于5 000万元（有些地方低到1 000万元），然后下属参股或者控股公司要有5家（有些地方低到2家）。

公司集团是指由数家公司组成的具有多元的、多层次性的一种垄断性联合组织。一般来说，公司集团本身并非一个独立的法人组织，而其成员公司都是独立的法人。

2.子公司和分公司

很多人搞不清子公司和分公司的区别，子公司是一家独立的公司，是一个独立的法人，就是说某家公司以控股（50% 加 1 股就能有话语权了）或者参股形式投资了一家公司，这家公司就是它的子公司了。

分公司不算是一家独立的公司，因此不算法人，分公司相当于一家公司的一个部门，不过这个部门可能设在外地。一家公司在外地也要经营业务，这个时候就要在外地（本地也可以）成立一家分公司。分公司的营业执照上没有法定代表人，只有负责人。

分公司所有法律责任都由母公司承担，比如分公司向别人借了一笔钱，需要由母公司还，而子公司向别人借了钱，母公司是不管的。

3. 办事处

无论是内资企业还是外资企业，或者是政府机关、事业单位等，都可以在不同地方设立办事处。办事处相当于公司在外地的一个部门，和分公司的区别在于，这个办事处无法为员工交社保，也没办法经营业务。

案例

在学校课间休息时，你接到表哥小李从老家打来的电话。

小李小时候梦想着开一家属于自己的公司，工作几年之后，他决定付诸实施，打算用手里的 20 万元开一家公司。

在电话里，他很兴奋地对你说："经过市场调研之后，我发觉商务秘书服务市场潜力较大，决定成立一家专门的公司来为其他企业提供商务秘书服务，怎么样，回来跟我一起创业吧！"

你说："哎呀，不好意思。表哥，我想去大公司工作，利用大公司的平台好好学习和积累一下经验。"

小李说："这样呀，好遗憾。不过，我最好的朋友小刘想跟我一起干，他准备拿出 15 万元入伙。你也知道，创业有风险，万一不成功，我们也不想亏得太厉害。表哥我没读过多少书，想请教你一下，我们这种情况选择什么形式的公司比较好呢？"

问题：

1. 请分析不同形式公司的利弊和适用的情况。

2. 小李所在的公司以什么形式注册比较好？注册过程中应注意哪些问题？

二、公司的组建

（一）公司组建方案

公司组建方案是组建公司的具体实施计划，它往往就组建公司的宗旨、目的、组建原则及组建后公司的名称、性质、各级管理机构和工作进程作出初步规划和安排，这是建设公司的一项重要基础工程。公司建设的方案包括以下内容。

（1）组建公司的目的。

（2）组建公司的思路，具体包括公司名称、注册资本、股权结构、出资方式、经营范围。

（3）公司的组织形式。

（4）公司经营发展方向及目标（包括发展方向、目标）。

（5）投资绩效分析（业务经济效益和技术研发效益）。

（6）风险分析及防范。

（二）注册公司的步骤

公司注册是企业正式合法运营的第一步，一般来说，公司注册主要包括以下流程。

1. 企业名称核实

到工商局领取一张"企业（字号）名称预先核准申请表"，填写准备取的公司名称，由工商局上网（工商局内部网）检索是否有重名，如果没有重名，就可以使用这个名称，接着会核发一张"企业（字号）名称预先核准通知书"。申请登记注册的企业名称应当符合《企业名称登记管理规定》《企业名称登记管理实施办法》及相关法律法规的规定，申请的名称应由行政区划、字号、行业、组织形式依次组成。除国务院决定设立的企业外，企业不得冠以"中国""中华""全国""国家""国际"等字样。工商查名基本规则：①同行业的公司字号不能同名同音。②查名是两两查名，即两个以上字号时要拆开分别查名，如果其中任意两个字不能用，那么整个字号都不能用。

2. 确定公司注册地址

到专门的写字楼租一间办公室，如果自己有厂房或者办公室也可以，有的地方不允许在居民楼里办公。租房后要签订租房合同，并让房东提供房产证的复印件。签订好租房合同后，还要到税务局去买印花税，按年租金的千分之一税率购买，例如每年的房租是 1 万元，那么就要交纳 10 元的印花税，贴在房租合同的首页，后面凡是需要用到房租合同的地方，都需要贴了印花税的合同复印件。

3. 提供相关资料

企业名称核查通过后，就可以把事先已经准备好的工商部门要求提供的相关资料都打包好交给工商部门，主要有公司章程、法人及股东身份证等，这些资料提交后工商部门还需要再审核。

4. 申请营业执照

公司名称核查以及提供的资料审核通过以后，就可以申请营业执照了，申请营业执照是要填相关表格的，并要提供核查通过的通知书、公司章程以及相关合同等，待工商部门再次进行审核。

5. 营业执照的领取

如果申请营业执照审核通过，就可以去工商部门领取营业执照的正副本了。现在的营业执照都是五证（工商营业执照、国税证、地税证、企业机构代码证、社会统一代码证）合一的。

6. 刻制公司印章

凭营业执照法人身份证到专业刻章店刻印公章、财务章，正规的章是到公安局备案过有刻章卡的。

7. 开立基本户

凭营业执照去银行开立基本账号。到此为止注册一家新公司的程序基本完成。

📶 特别提醒

企业经营不可不知道的税务知识

（1）发票应该仔细保管，丢失发票要罚款。

（2）报税不是申报纳税，每月操作不可忘。

（3）不管有没有生意，都需要进行申报。

（4）企业申请"一般人"成功后不能取消，规模小的企业并不等同于税收上的"小规模纳税人"。

（5）购买虚假发票违法，金额达到一定数额时即构成犯罪，发票开具要建立在发生真实业务的基础上，如果没有发生真实的业务，千万不要购买进项发票用于抵扣。

（6）关门不能一走了之，"任性"后果很严重；在非正常解除的环节，税务机关会根据纳税人逾期未申报的时间长短处以金额不等的罚款。

（7）账簿调取有程序，移交税务要收据。按照《中华人民共和国税收征收管理办法实施细则》第八十六条规定，税务机关有权调取企业账簿，但必须出具相关手续，否则属于越权；调取账簿是有时限要求的，调取当年账簿应在 30 日内退还，调取以前年度账簿应在 3 个月内退还。

（8）税务检查要出示，未出示可拒绝。

成立公司之后的注意事项

（1）银行开户，开设日常使用的基本对公银行账户。

（2）税务记账，完成公司注册，需先办理税务通道；成立后需要会计每个月记账报税。

（3）《中华人民共和国社会保险法》规定，用人单位应当自成立之日起 30 日内申请办理社会保险登记。

（4）申请税控及发票，公司如需开发票，还需要申办税控器，参加税控使用培训，核定申请发票。完成申请后，公司可自行开具发票。

（5）商标申请，商标是公司的无形资产，公司经营的品牌价值，都融于商标。

📶 案例

得到你的协助后，小李的秘书事务所顺利成立了，开始一段时间生意不错，小李也有点志得意满。

小李的公司日渐步入正轨，准备换个大门面，在贷款的时候，工作人员说小李的公司被锁定了，办理不了贷款业务。他很诧异，向市工商局监察科咨询，发现他的公司在 2018 年度和 2019 年度都没有申报年报，被工商部门列入经营异常名单。小李很着急，想把公司的股份转给家人，与公司撇清楚关系之后再进行贷款，这个方法被工作人员否定了，因为没有被移出经营异常名录，小李的企业是没办法办理股权转让等业务的。

在工作人员的指引下，小李补报了年报，提交移出经营异常名录申请，后才获得银行的贷款。这件事情也让小李明白公司未按照规定处理不仅对公司的运作有影响，与个人的业务办理也有着密切的联系。

问题：

1. 请简要叙述公司工商注册、税务登记的流程。

2. 公司核名、注册登记表填报等程序具体怎么操作？

案例

小李的公司生意不错，但是赚了钱以后，他却与合伙的小刘因利润分配问题产生了矛盾。小李希望留下更多的资金用于业务的拓展，但小刘却希望直接分红。两人不欢而散，公司也停止了运营。

你得知此事，专门给表哥小李打电话，提醒小李今后办公司一定事先定好规则，不能因为是朋友就随口承诺。但小李并没有放在心上，他下一步想在你所在的沿海城市成立一个以批发海产品为主的有限责任公司，把当地海鲜销往内地。他召集了十几位朋友，一共准备注资40万元人民币。因为彼此关系好，相互信任，各个股东注册资本均口头承诺认缴，并未实际交付。为了扩大影响，公司想取名为"中国海产品批发总公司"，在申请公司成立的过程中，工商部门表示存在问题，并未给予批准。请用你了解的公司组建的相关知识分析小李的公司不被批准的理由。

问题：

1. 哪些词是不能出现在公司名称之中的？

2. 小李在集资过程中出现了什么错误？

3. 公司集资或融资时要避免哪些风险？

三、公司的内部组织

（一）公司组织结构的类型

1. 直线式组织结构

直线式组织结构是指职权从高层直接向下进行传递和分解，经过若干个管理层次后到达组织的最底层。这种组织结构上下级关系简明，层级制度严格明确，职权和职责分明，管理沟通的速度和准确性在客观上有一定的保证，便于统一指挥、集中管理，提高各级主管人员的责任感。但是，管理沟通的速度和质量严重依赖于直线中间的各个点，没有职能机构作为人员的助手，容易使主管人员产生忙乱现象。

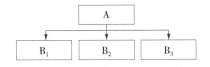

2. 职能式组织结构

职能式组织结构是在项目管理中根据职能以及职能相似性划分部门。

这种结构可以充分发挥项目管理职能机构的专业管理作用，提高专业化技术水平，发挥各部门专家的作用，减轻直接领导人员的工作负担。但是这种结构中各职能部门过多考虑自己部门利益，以致项目目标实现受阻；无人对项目总体承担责任，造成项目组织纪律松弛和管理秩序混乱的现象。

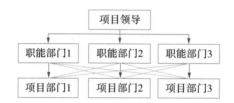

3. 直线职能型组织结构

直线职能型组织结构以直线式为基础，在各级行政主管之下设置相应的职能部门从事专业管理。

这种结构能够保证企业管理的集中统一，提高组织结构的稳定性；充分发挥各专业管理机构的作用，促进管理效率的提高，并且能够灵活应对市场变化。但是易造成企业组织机构臃肿、管理层次多；权力过度集中，下级缺乏必要的自主权；项目结束后全体成员又面临重新组织的问题，使员工缺乏责任感和归属感。

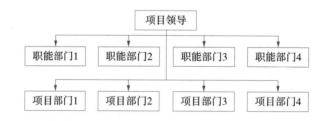

4. 事业部制组织结构

事业部制组织结构指将一个大型公司分成若干个事业部，每个事业部实行独立经营，总部只保留预算控制等权力，并通过利润等指标对各个事业部进行控制。

这种结构总部可以从战略角度制定整个企业的发展目标，可以对企业内外部资源在各事业部之间进行合理配置，对市场变化做出灵活及时的反应。但是总部与事业部职能机构互相重叠，易造成管理费用增加和人力资源浪费，事业部实行独立核算，各事业部会只考虑自身利益，影响事业部之间协作，业务联系与日常沟通被经济关系所取代。

5. 矩阵制组织结构

矩阵制组织结构是在直线职能型垂直组织结构的基础上，再增加一种横向的领导系统。

这种项目组织结构比较机动灵活，可以增加项目组织成员的责任感，促进项目目标的实现，加强不同部门之间的协同工作和信息交流。但是纵横交叉的双重领导，很容易造成效率低下，常出现责任不清互相扯皮的现象，任务完成以后就要解散，导致成员的责任感下降，对工作效果有一定影响。

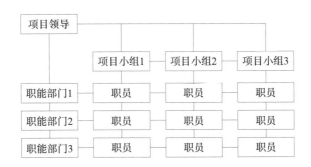

（二）公司的组织机构

一个公司的组织机构通常根据其具体业务来设定，以有限责任公司为例，通常会设立以下组织机构。

1. 股东会

有限责任公司的股东由全体股东组成，股东会是公司的最高权力机构，职权如下。

（1）决定公司的经营方针和投资计划。

（2）选举和更换董事，决定有关董事的报酬事项。

（3）审议董事会的报告。

（4）审议批准监事会或者监事的报告。

（5）审议批准公司的年度财务预算方案、决算方案。

（6）对公司的注册资本、债券做出决议。

2. 董事会

有限责任公司的董事会，其成员为 3 ~ 30 人。董事会对股东负责，职权如下。

（1）负责召集股东会，并向股东会报告工作。

（2）执行股东会的决议。

（3）决定公司的经营计划和投资方案。

（4）制定公司的年度财务预算决算方案、利润分配方案、注册资本的增减方案等。

（5）决定公司的内部管理机构设置。

（6）制定公司基本管理制度。

3. 经理

经理由董事会聘任或者解聘，经理对董事会负责，职权如下：

（1）主持公司的生产经营管理工作，组织实施董事会的决议。

（2）组织实施公司年度经营计划和投资方案。

（3）拟订公司内部管理机构设置方案。

（4）制定公司的具体章程。

（5）聘任或者解除由董事会聘任或者解聘以外的人员。

4. 监事会

监事会由股东代表和适当比例的公司职工代表组成，主要职权如下：

（1）检查公司财务。

（2）对董事、经理执行公司职务时违反法律、法规或者公司章程的行为进行监督。

（3）提议召开临时股东会。

（4）规定的其他职权。

公司通常还会设置营销部门、人事部门、财务部门（表1-1），还会根据业务需求设置生产部门、供应商部门、研发部门等。

表1-1 公司组织部门及工作职责

公司组织部门	工作职责
营销部门	制定公司中长期和年度营销企划，并分解落实到下属各个部门，组织完成公司年度销售活动任务；制订年度市场和客户资源开拓计划；制订年度广告、公关、促销等市场推广和预算计划……
人事部门	负责公司人力资源管理方针、政策、制度和公司行政组织机构设置、部门工作职责、人员编制与内设机构、岗位工作标准和人员素质要求的制定、实施及检讨、改善和修订；制订人力资源招聘、调配、培训开发计划并组织实施。
财务部门	根据国家税务和会计准则，结合公司情况，建立公司会计核算和财务管理的制度、体系；按期制作年、季、月度财务报表；组织公司全面预算工作，负责成本、费用、利润、资金等计划的制订和实施；及时清理核对往来账户，处理差异数据，制订结算计划，督促相关部门按计划回款……

学生自评表

序号	技能点 / 素质点	佐证	达标	未达标
1	掌握关键概念	能够了解公司的类型和内部组织结构		
2	公司的注册步骤	能够正确组建秘书事务所		
3	沟通与交流	能够顺利与他人交流，完成秘书事务所的组织分工，选出总经理、经理和员工		
4	团队合作	能够进行有效的团队合作，并充分发挥成员各自的特点，互帮互助，共同完成任务		
5	资源整合能力	能够借助网络收集资料素材，制定秘书事务所的规章制度		
6	数字技术运用能力	能够借助办公软件完成秘书事务所的形象识别设计，包括 LOGO、名片、工作牌等		
7	创新能力	能够在秘书事务所的形象识别设计中融入创新意识，体现团队特色		

教师评价表

序号	技能点 / 素质点	佐证	达标	未达标
1	掌握关键概念	能够了解公司的类型和内部组织结构		
2	公司的注册步骤	能够正确组建秘书事务所		
3	沟通与交流	能够顺利与他人交流，完成秘书事务所的组织分工，选出总经理、经理和员工		
4	团队合作	能够进行有效的团队合作，并充分发挥成员各自的特点，互帮互助，共同完成任务		
5	资源整合能力	能够借助网络收集资料素材，制定秘书事务所的规章制度		
6	数字技术运用能力	能够借助办公软件完成秘书事务所的形象识别设计，包括 LOGO、名片、工作牌等		
7	创新能力	能够在秘书事务所的形象识别设计中融入创新意识，体现团队特色		

任务二　办公室布置

案例导入

　　昌盛秘书事务所是一家新成立的秘书事务所，以向客户提供商务秘书服务为主营业务。事务所总经理交给了行政部秘书一项工作任务：给以往与事务所有过联系的一些客户打电话，邀请他们前来参加事务所的活动。这些客户资料是逐渐积累的，从多次工作过程中积累和筛选下来的，总经理给你电话号码时，分了好几个文件。你听清楚联络内容后，开始一一拨打电话。

　　打电话的时候你需要不停地与对方说明通话缘由，不一会儿就觉得口干舌燥了，于是，你不时地向嘴里放点糖果以作缓解。

　　这时候总经理从她的办公室出来路过你这里，看了看你说："很忙啊，只是这桌子……"

　　你赶忙站起来打招呼，低头一看，已经用过的电话通讯录，正在用的，还没有打开的，横七竖八地堆了一桌子，电脑被推到一边，歪斜地面对着自己，记录用纸上面有刚才剥下来的糖果包装纸，因为看不清楚电话号码而拆下的装订用的拆钉器滚在一边，地面上还有几页没来得及捡起来的内页……

思考：

1. 办公室里常见的办公用品和办公设备有哪些？
2. 保持良好的办公环境有什么好处？
3. 如何进行办公室环境的管理？
4. 如何设计办公室的布局？

实训任务

"办公室布置"实训任务单

项目	一		任务名称	办公室布置	
实训课时	4	实训地点		指导教师	
实训学生					

实训目的	能利用现有条件对办公室进行合理布局。
提交材料	办公室规划平面图（1 000）、接待室设备清单（1 000）、办公用品预算方案（1 000）。
事务所 实训反思	事务所工作分工如下： 在工作过程中，比较困难的事情有： 改变这种困难的状态可以采取以下方法： 使我们项目的工作更加高效的做法：

实训任务：办公室布置（3 000）

2018 年教育部职业院校教育类教指委文秘专委会成立以来，在高职院校文秘专业加大推进秘书事务所联盟的建设，你所在的学院也打算加入联盟，经学校批准，决定成立秘书事务所，并分配了一套 100 平方米左右的实训室作为秘书事务所办公地点。现成立了筹备小组，着手秘书事务所组建的相关工作。为此，筹备小组的成员召开了会议，对组建工作进行了部署和分工。

任务：

1. 制作办公室规划平面图。
2. 拟写接待室设备清单。
3. 拟写办公用品预算方案。
4. 进行口头汇报。

要求：

1. 分配任务和资金，合作完成。
2. 口头汇报时间限定在 3 分钟内。

一、办公环境的管理

（一）公共办公环境的构成要素

1. 办公空间

工作人员要保证有足够的办公空间，从节约空间成本及人体健康的角度考虑，办公室工作人员的办公空间至少要保证每人 1.5 平方米，以不超过 10 平方米为佳。办公条件好的公司，个人办公空间可以控制在 3～10 平方米；条件一般的公司，个人办公空间可以控制在 1.5～8 平方米，同时必须保证有合适的办公设备安放的位置，以及工作人员在操作办公设备时所必需的足够空间。

2. 光线

办公室工作多以在室内为主，因此要注意光线的适宜，光线不能过强和过暗，以保证办公室工作人员的视力健康。办公室光线应该以自然光源为主，但不能直射到人的脸部或者办公设备上。如果光线过强，则需在窗户上安装百叶窗或者窗帘进行调节；如果光线过暗，则需要添加人造光源做照明辅助。人造光源最好使用顶灯或者壁灯，光线宜从工作人员的斜后上方投射而入。

3. 温度

办公室的温度要保证适宜，一般情况下，应以男士穿着西装不会出汗，女士穿着裙装不冷为佳。大多数办公室的温度一般调整在 20～25 ℃。会客室和会议室，因为不常使用，以及使用时人群相对集中的特点，温度可以略微低些，但一般来说不能低于 16 ℃。目前，在绿色环保的大环境下，为了进行企业文化建设，可以在夏季或者冬季将温度适当地提高或者降低一些，这样既不会影响员工的感受，又可以节能减排，提高员工的节能意识，履行企业的社会责任。

4. 空气环境

办公室的空气环境主要由空气的温度、流通、湿度与清洁四个基本因素组成。空气环境的好坏，直接影响员工的身体健康以及心理状况，因此办公室要做到勤通风、可遮阳、可调节湿度、保证良好的卫生状况，在条件允许的情况下，应该添置相关设备，如空调和加湿器等。也可以种植一些绿色植物，既可以净化空气，又可以愉悦身心。

5. 声音环境

办公室的工作应该保证不受声音的打扰，要保持肃静、安宁。企业可以通过在办公室内铺地毯降低走动产生的噪声，装隔音设备防止外部噪声的干扰，集中摆放办公设备以屏蔽工作中设备的噪声，制定规章制度减少交谈频率，改变办公空间设计以减少相互干扰等方式减少办公噪声。

（二）个人办公环境的构成要素

个人办公环境主要是指特定办公室工作人员的工作地点、设备和用品等。员工个人的办公空间，不仅代表员工个人形象，也反映企业的管理水平和制度建设。因此，企业必须制定个人办公环境建设的基本标准，以保证制度化管理能够顺利实施。

（1）员工要保持办公台面、地面、墙壁、用具以及所使用办公设备的清洁，保持会客室和会议室的清洁，保持办公公共区域的清洁。

（2）员工要保持办公桌面的整齐有序，办公文件和办公用具要分类摆放，办公设备要摆放到适合工作的地方。零碎用品要使用收纳盒归置，不能摆放个人色彩很鲜明的东西。

（3）办公设备及办公用品要定期进行清洁和消毒处理。

（4）每次工作完毕后，要对工作中使用的办公用品进行及时整理，要及时安全、恰当地处理剩余物品，要保证工作现场恢复到开始状态。

（5）员工要对办公设备和办公用品定期进行安全状态检查。保证电线的安全整齐，防止出现破损，插头松动、漏电等现象，保证办公设备能够正常使用，保证办公用品的充足储备等。

（6）员工离开办公座位前，应保证办公设备处于待用或者关闭状态，保证办公资料处于安全状态。下班离开前，要认真检查电脑、电灯、空调、饮水机等办公设备、设施等是否关闭，关闭电源，检查抽屉、门窗是否上锁。

🔊 温馨提示

办公室易患的"现代职业病"

公司白领久居办公室，缺乏运动、长时间面对电脑屏幕等，都会给自身健康带来隐患，容易患上办公室的"现代职业病"。

1. 电脑眼

白领用眼过度、近距离用眼，睫状肌不间断工作，可能导致睫状肌痉挛，从而出现眼胀、眼酸，记忆力、注意力下降，反射性头痛，严重时还可出现恶心、呕吐，临床上称之为"视疲劳"。

应对如下：

大部分人喜欢使用润眼类眼药水，不舒服了就滴一点，但眼药水使用过多也有副作用，不如来学学护眼小妙招。

任何舒服的坐姿或站姿，放松双肩，竖直背部。双手手臂与肩同高。右臂平伸，右手握拳，拇指向上竖起。左臂从关节处弯曲，左手大拇指指向鼻梁处。保持头部与颈部不动，双眼视线看右手大拇指，再移回到左手大拇指。练习10～20次后休息。

2. 屏幕脸

白领们每天都要和电脑打交道，有的每天甚至超过8小时，长时间的电脑辐射会造成脸色暗黄、眼睛浮肿、黑眼圈等问题。除此之外，办公室里的打印机、微波炉等都是带有辐射的电器，长时间接触对于身体健康有一定的影响。

应对如下：

每天一杯酸奶。酸奶中含有各种益生菌、蛋白质、矿物质和多种维生素，可提升皮肤表皮的

含水量，实现长效美白。其中富含的维生素 B 可有效抵御辐射伤害，减轻辐射损伤、抑制辐射后淋巴细胞数目下降，从而修复由于辐射而产生的皮肤暗黄等问题。

3. 白骨颈

每个职场"白骨精"都有一根职场"白骨颈"。错误姿势及工作压力，让颈部肌肉间的筋膜渐渐黏附在周围的组织上，造成肌肉僵化，而僵化就是老化的开始，颈椎也因无法获得适当的支持而难以正常运作。

应对如下：

每天做有氧、健身运动，最好平均各 30 分钟。有氧及健身运动能帮助维持心肺功能，锻炼大块肌肉群，拉伸并温和调整关节、肌肉、血管与五脏六腑。

4. 鼠标手

每天重复打字和移动鼠标，因长期密集、反复和过度的活动，导致腕部或手指僵硬、麻痹、肿胀、疼痛、痉挛及无力感，就是患上了"腕管综合征"，即鼠标手。女性患上鼠标手的可能性是男性的 5 倍，电脑族一定要当心。

应对如下：

远离鼠标手，连续使用电脑时间不要过长，保持正确的坐姿，最好使用腕垫来缓解疲劳。此外，每次使用鼠标 1 小时后，做做手腕运动：平伸双臂，握拳后以手臂为轴心，向内旋转拳头，连续保持转动的姿势 15 ～ 20 秒，然后反方向继续进行一次。

5. 办公臀

臀部和腰腹部都是脂肪容易堆积的部位，久坐且缺乏锻炼的人，脂肪的堆积速度要比经常运动的人快很多，更容易形成"办公臀"。不仅影响美观，还容易患肥胖症、代谢综合征、心脑血管疾病，还会引发腰椎、关节疾病等。

应对如下：

臀部脂肪很难减掉，严格控制糖的摄入，喝够水、多吃鱼，可以提高臀部皮肤的弹性。平时多爬爬楼梯，做做后踢腿，都能将臀部肌肉调动起来，沐浴前按摩臀部也可以促进血液循环，最重要的是帮助臀部肌肉放松，缓解臀部肌肉紧绷感可以防止久坐引起的臀部疼痛。

二、办公环境的空间管理

随着环境保护的要求逐步提高，城市交通日益拥挤，办公场所费用的飞涨以及电子技术的革命性发展，传统的办公模式正在发生改变。以往人们集中到企业所在地进行事务处理，朝九晚五的工作模式，对于一些企业以及相关人员来说，已经不再适用。为了适应新的形势要求，出现了新的办公模式。

（一）办公室布局

1. 办公室布局的种类

（1）开放式办公室。开放式办公室不同于传统办公室按照部门职能组成相对封闭空间的做法，开放式办公室宜于采用大的空间，包含单个工作位置的组合，每一个工作位置通常包括办公桌、纸张和文具的存放空间，文件的存放空间，椅子，电话，计算机。工作位置可以用屏风或轻便的、易于移动的隔断隔开，用来区分不同的工作组群。这种形式的办公室布局不设个人专用办公室，不设传统的领导座位，而是根据工作任务所需要的场地来确定工作人员的位置。

（2）封闭式办公室。封闭式办公室的做法是按照办公职能设置分隔式的若干个相对独立办公室。其设计原则主要考虑的是常规办公室业务活动的各种因素、相关业务处理的连续性和系统性。

开放式办公室和封闭式办公室的优点和缺点参见表1-2。

表1-2 两种类型办公室的优点和缺点

办公室类型	优点	缺点
开放式办公室	1. 灵活多变，工作位置可以随需要改变 2. 节省费用，降低成本，相同的面积可以容纳更多的员工 3. 易于员工间沟通、交流；易于监督，便于管理者进行督查 4. 可以进行集中化服务，共享办公设备	1. 难以保密 2. 噪声较大，员工工作易受干扰 3. 员工无个人空间，无法保护隐私
封闭式办公室	1. 比较安全，易于保密 2. 易于让员工集中注意力，从事细致或者专业工作 3. 易于保证隐私，员工有独立空间	1. 费用高，墙、门、走廊等部位占用空间较大，需要进行装修 2. 难以监督员工的工作 3. 员工交流困难，易感到孤独

2. 设计办公室布局的工作程序

（1）分析不同部门的业务特点对于办公条件的需要。不同部门的业务特点不同，因此对办公空间、办公室所处的位置、办公设备和办公用具的数量、办公室布局都有不同的要求，一些特殊部门甚至对办公室光线、湿度、温度等都会有硬性规定，在位置、大小乃至办公设备购置上都会有特殊需要。在设计办公室布局的时候，企业需要对这些方面逐一进行考虑，以便各部门能够方便地进行工作。

（2）设计平面图。企业要指定专人或者委托相关机构或人员根据自己的需要设计平面图，包括灯光、办公用具和办公设备的摆放，工作人员的位置，装修等各方面的要求，并征询使用部门的意见，根据相关意见进行修改，完善办公室功能。

（3）选择办公用具、设施，进行装修、装饰。按照办公室设计时对不同人员的工作定位，分配各工作人员的办公位置和办公空间，根据工作需要和场地条件，选择布置办公用具、购买设备，进行装饰。

办公室用具的购买需要注意三个原则：一是适用原则，即办公桌的大小、高低、功能设计必须适合工作人员的工作需要和健康需要；二是配套原则，即办公家具应大小、色泽、质地相同，看上去协调美观；三是经济原则，即在选购办公家具时，需考虑原有的还可以使用的办公用具和办公设备，两者之间应该配套，既保证办公室的美观大方，又节省办公成本。

不同的办公室根据其业务的不同，在进行装饰的时候应该有所差异。办公室装饰应该具备行业特征，使外来者可以感受到工作人员的专业化，以及良好的工作氛围。办公室的装修，还应该充分考虑工作人员以及客户的心理，通过各种装修元素的使用，营造一个和谐的使人身心愉快的办公环境。

3. 设计办公结构和办公室布局时需要考虑的因素

（1）员工的人数。一般来说，员工人数越多，需要的空间就越大，需要的办公用具和办公设备也越多，布置所要求的协调性越高，配套要考虑的因素就越复杂，费用也会相应地增加。

（2）购买或者租用的办公场所的面积、位置以及费用。一般来说，面积越大，位置越靠近市中心，价格越昂贵。对于企业而言，大面积的靠近市中心的办公场所，是吸引人才、塑造企业形象、彰显企业实力的元素之一，但是昂贵的价格也是企业需要重点考虑的因素。因此，在设计办公结构的时候，应仔细权衡两者之间的轻重，选择对企业长期发展有利的方面。

（3）机构的建制、办公空间的分类。即按照企业业务的需要，确定企业应该建立多少个部门，每个部门的工作性质如何，人员多寡，不同部门之间按照工作流程彼此衔接的顺序先后，以及联系的多少，确定每个部门的办公空间应该多大，位置如何安排，办公场所格局如何规划。

（4）企业经营的性质和内容。由于不同部门的业务工作特点不同，因此每个部门在办公场所所处的位置、需要的办公布局种类、办公用具和办公设备，都要根据其工作特点进行充分考虑并妥善安排。

（5）部门间的工作联系。在设计办公结构和办公室布局时，企业要充分考虑各部门间的工作联系，以此来确定各部门所处办公空间中的位置，以使工作流程可以顺畅有效地进行，减少或者避免重复和浪费，减少工作人员不必要的走动，减少文件传送的次数，缩短文件传送的路径，以提高工作效率，降低工作强度。

（6）安排好公用区域，充分考虑安全健康的办公环境的需要，要保持消防通道的畅通以及办公通道的宽敞、直行，不能为了节省办公空间或者减少管理工作而造成安全隐患。

（7）办公空间的设计要有变化的余地和空间，设计上要讲究灵活性。当机构建制和部门工作内容发生改变时，企业可以根据工作需要对办公空间进行迅速有效的小范围改造，以便马上投入使用，避免因工期长、范围大的办公场所施工所造成的对企业正常运作的干扰。

（二）合理布置办公室

1. 办公室布置的三大原则

办公室布置不是简单的办公用具和办公设备的摆放、工作人员的位置的安排，除了考虑办公设备的共享性、办公人员行动的方便性，还要充分考虑工作人员在办公室期间的舒适性、工作人员的沟通和监督，以及上司的管理。办公室布置需要遵循以下三大原则。

（1）有利于沟通。办公室作为一个工作系统，工作人员之间必须保持充分的沟通，这样才能保证信息的及时传递、流转，工作的各程序才能衔接顺畅，同时，工作人员彼此之间充分的沟通也能培养工作人员的集体意识，加强大家的团队角色感，感受到工作中的快乐和成功，从而提高工作效率。

（2）便于监督。为了节省办公空间，降低办公成本，目前各企业较多地采用开放式的办公格局。这种办公格局带来的弊端之一是办公室工作人员之间易受打扰。因此，办公室的布局要有利于工作人员的自我监督和内部监督。工作人员之间通过相互的督促检查，纠正个人的缺点，学习他人的优点，相互提醒，可以把工作中的失误降到最低。

（3）协调、舒适。协调，是指办公室的布置和工作人员之间要配合得当，办公室的布置能够体现部门业务工作的特点。舒适，是指工作人员在办公场所工作时，身体各部分没有不适感或者不适感会降到最小。协调是舒适的前提，只有协调，才会舒适。

协调包括物质环境和工作要求的舒适。物质环境的舒适主要是指办公室的设计与装修，如办公室设备的空间分布、办公室墙壁的颜色、办公室的光线、办公室的装饰等与工作人员的心理、工作特点和性质相协调。工作要求的协调是指工作安排分工的协调；工作人员之间的协调，其中包括上下级工作的协调，工作人员个体之间关系的协调。

2. 办公室布置的具体要求

（1）办公桌的排列应该按照直线对称原则和工作程序的顺序，以最接近直线为佳，防止出现逆流与交叉现象。同室工作人员应面朝同一个方向办公，避免面面相对造成的相互干扰。工作人员的办公桌摆放不能背对门口，这样会造成由于不了解室外情况无法及时发现危险的现象，并且会由于观察不够而出现对访客的怠慢，影响接待工作的顺利展开。

（2）各座位间的通道要方便工作人员出入，防止出现因通道狭窄造成工作人员出入困难以及干扰他人工作的现象。工作位置要以事就人，而不是以人就事。

（3）领导者的座位要位于员工的后方，以便监督工作。若有必要，可以为领导者设置玻璃隔间，当需要时可以通过帘幕形成领导者的私人空间，避免因领导者接洽工作、接待客户、与个别工作人员进行沟通而造成对工作人员工作的干扰。

（4）光线最好采用自然光线，当自然光线不足的时候可以采用人工光源进行照明，光线应该来自斜后上方；如果光线过强，则应采用窗帘等装修手段隔断强光，保护员工视力健康。有条件的企业使用人工光源的时候，应避免嵌入式的直接照明，采用间接式照明灯具，这样可以形成良好的视觉背景，有效降低灯具本身的炫光问题，在一定程度上改善大空间内为数众多的计算机屏幕光线反射的问题，改善桌面的照明舒适度。

（5）共享的办公设备应放置在离使用者平均距离大致相当的地方，一些有放射性或者粉尘性污染的设备，最好放置在离工作位置较远，靠近门口或者窗口处，必要的时候在其旁边可以放置绿色植物，以保障工作人员的身体健康。但办公设备不可以放在阳光直射或者狭窄的地方，不利于设备的保养和维护。

3. 办公室布置的程序

（1）考察各部门的业务工作内容和工作性质，明确各部门工作人员的工作职责以及工作中的关系，以此确定每位工作人员的工作位置。

（2）按工作人员数额以及办公所需空间，设定其办公空间的大小，并进行记录。

（3）根据工作需要，选配适宜的办公家具、桌椅、办公设备等，并列表详细分配到人。

（4）绘制办公室座位图，以及办公设备安放的位置图，征询相关人员意见，获得同意后按图布置。

（5）对共享的办公设备按照不影响工作以及保障办公室健康的要求提出摆放的合理建议。

（6）对办公室消防以及安全等方面的工作提出合理化建议。

（7）根据企业的管理规定确定是否张贴有关办公室管理的规章制度。

（三）保证健康、安全的办公环境

健康、安全的办公环境是企业文化建设的物质基础，是保障企业工作人员身体健康，对企业充满信任与归属感的必要前提之一。健康、安全的办公环境需要有关方面的专业技术人员进行精心打造，同时需要专业工作人员对此进行科学的管理。办公环境的管理必须落实责任到人，要建立行之有效的办公室安全工作管理条例，及时发现和消除办公环境中存在的安全隐患，保证工作人员全身心地投入工作之中。

温馨提示

办公环境中常见的隐患
1.建筑和装修隐患，如地、墙、天花板、门、窗中的隐患。 2.室内光线、温度、湿度、通风、噪声、安全通道的隐患。 3.办公用具方面的隐患。 4.办公设备以及操作不规范造成的隐患。 5.工作中疏忽大意或者不按照规定操作造成的隐患。 6.火灾或消防隐患。 7.电线拖曳交缠、排插滥用、电线负荷过大造成的安全隐患。 8.办公室工作管理中存在漏洞造成的隐患。 9.工作人员行为不当造成的隐患。

秘书人员要按照有关规定以及企业管理的要求，加强办公室安全的管理，明确管理范围，掌握管理方法，按照办公室安全管理的程序认真履行办公室安全管理职责，保证健康、安全的办公环境。

（1）确定专人负责，确定安全检查周期，定期对办公环境和办公设备进行安全方面的检查。

（2）发现隐患，在自己职权范围内可以处理的，必须立即排除，并填写相关文书。

（3）发现隐患，超出自己职权范围内时，必须立即向相关人员报告，提出处理建议，并跟进直到隐患解决。

（4）在处理了安全隐患之后，要填写"办公隐患记录及处理表"（表1-3）和"设备故障记录处理表"（表1-4）。前者记录办公环境和办公设备以及工作人员行为失当造成的隐患，后者记录办公设备运行中出现的故障。

表1-3　办公隐患记录及处理表

序号	时间	地点	隐患表现	隐患原因	可能的危害及后果	发现人	处理人	处理措施

表 1-4　设备故障记录处理表

序号	时间	地点	设备名称	使用部门及人员	故障表现	故障原因	处理人	处理措施

三、办公环境的美化

办公室是企业文化的物质载体，应该着重体现企业的物质文化和精神文化，反映企业的特色和形象，对置身其中的工作人员产生积极和谐的影响，所以，对办公室进行经济又实用的美化是非常必要的。

（一）办公环境美化的目的

办公环境的美化，主要包括办公室美化、工作人员共享空间（如休息室、茶水间、健身房、通道、厅堂等）的美化。美化的目的对内在于宣传企业文化，体现人文关怀，使工作人员心情舒畅，提高办公效率。对外可以塑造企业形象，展现企业情怀，更好地促进企业间的合作交流。

（二）办公环境美化的内容

1. 地面的美化

简单的地面装修是安全、健康的办公室环境的基本要求，在此基础上，通过地面装饰所营造的视觉效果，达到工作人员之间以及来访客户与企业的心理上的共鸣；或者通过地毯等的铺设，形成行走时的舒适感，视觉的层次感，环境的静谧感，这些都是地面美化的手段。

为了减少办公环境的安全隐患，企业应该在楼梯台阶上粘贴或者涂染显眼的标记或者文字，以防止工作人员行走时踏空。这些标记要保证在不同台阶上位置的一致性，形成直线，保证色彩的一致性，形成视觉上的连续，文字上则要以简短和有提示意义为主。

在一些具有特殊性质业务的企业，如广告公司、设计公司、游戏公司等，为了能够在接洽时就给客户留下自己业务能力的感性印象，彰显公司实力，宣传公司业务，在地面装修上还会极力强调酷炫感，在视觉上对客户形成冲击，加深客户印象，为双方合作打下基础。

2. 墙壁的美化

1）墙壁的色调

墙壁的美化主要是通过色彩、图案乃至装饰进行的，目的在于给身处其中的工作人员以及来访客户以心理上的影响，营造出良好的工作氛围，达到提高工作效率的目的。

不同的办公场合对墙壁和美化的要求是不同的。在办公室中，为了使工作人员能够心情平静地对待工作中可能出现的问题，按照工作程序完成工作任务，彼此间理性对待意见分歧，通过探讨达成共识，办公室墙壁的色彩应以冷色调为主，这样可以消除工作人员的急躁情绪，避免工作失误，加强团队合作。

有一些办公室，因为工作人员的工作压力大，为了释放压力，保持精神上的健康，会采用中性色调，如经理办公室。一些办公室，由于企业办公室布局等多方面的原因，可能兼有对外接待的功能，可以在接待区域对墙壁部分做特别色调处理。

在会客室中，为了使客户产生认同感，消除因彼此陌生可能造成的沟通上的障碍，表现出企业以诚待人的特点，因此墙壁宜采用暖色调。

员工休息室、茶水间是工作人员休闲放松的地方，企业设置这些场所，是为了缓解工作人员连续工作所产生的紧张感；会议室是工作人员集思广益，沟通和讨论的场所，工作人员在此面对面进行意见的交流，交换看法，这需要在较为宽松的气氛下进行。因此在这些场所，工作人员的情绪应比在办公室中放松为宜，但是又不能完全松懈而造成工作的不连续，因此这些工作场合的墙壁色调应该以中性色调为主。

企业大厅的墙壁色彩，一般以醒目的色调来提醒人们已经到达工作区域。如果企业有自己的LOGO，大厅的墙壁色彩往往与LOGO颜色色系一致，以形成颜色的识别，在墙壁的中央，要镌刻或者悬挂企业的LOGO，加深人们对企业的认识，增强企业工作人员对企业的归属感，客户对企业的认同感。

2）墙壁的装饰

无论是开放式布局还是封闭式布局，办公室的墙壁都是需要加以重视和美化的区域。对于处于办公场所的工作人员来说，办公室墙壁是一天工作当中，放眼所及的地方，因此很多企业，常常利用公司墙壁作为宣传栏，对企业文化，企业理念进行大力宣传。

在企业高层办公室，为了领导者的形象，进行对外宣传，往往在墙壁上装饰有地图，包括世界地图、全国地图、本市地图等，以体现领导者心胸博大。此外，为了表现领导者所具有的文化素养和人文底蕴，在领导者的办公室墙壁上常常会悬挂各种字画装饰。另外，为了表达时间观念，还可以在墙壁上悬挂钟表。如果企业规模较大，领导者对外交往的规格高，还可以将与重要人物的合影等照片悬挂在办公室中，以体现企业的地位和企业领导者的重要性。

会客室墙壁的美化，可以使用荣誉锦旗、奖状以及企业历年发展的图片资料。这些可以在接待客户的时候使客户产生信任感和认同感，有利于企业业务的发展、企业形象的塑造。

休息室、茶水间、健身房等场所的墙壁，除了配备与这些场合相匹配的图片和文字资料，还可以将企业的宣传资料放到这里，如企业的目标、理念，企业的代表人物，企业的公关活动资料等，这些都有利于员工对企业集体感的认识，可以潜移默化地熏陶他们。

在办公室，可以将企业的文化理念、操作规则制作成文字、漫画等悬挂到墙壁上，这样可以使这些宣传深入人心，同时淡化办公室冷色调的墙壁色彩造成的单调感。

3. 利用植物和动物进行美化

办公环境的美化，除了一些固定在墙壁、地面的装修与装饰，还可以使用植物等具有生长性的元素进行美化。这些可活动的、有变化的美化元素，可以带来灵动感和生机，以此减少人们在工作中的压力。

1）植物

用于办公室美化的植物分为绿色植物和花卉。一般来说，绿色植物除了净化办公室的空气、有益视力健康，还被认为有防止辐射等保护作用。其实，绿色植物也是办公室美化的重要元素，在办公室的整体冷色调中，在忙碌的工作中，植物的绿色会带给人良好的心理慰藉。因此，近年来利用绿色植物美化环境已经成为企业的惯例。

绿色植物要选择具有观赏性、生命力顽强、不需要细致护理的植物，如绿萝、发财树、金钱树、竹子等植物，尤其是一些可以水养的植物，由于其小巧和美观、没有泥土污浊等优点而受到办公室工作人员的青睐。

为了增加工作场合的色彩，美化办公环境还可以使用一些花卉。尤其在会议室、会客室、员工休息室以及经理室等场所，花卉的使用可以增加人们视觉上的美感，进而更好地放松心情，以达到气氛上的和谐、心理上的舒适。花卉一般采用色彩艳丽、花期长、不需要精心护理的品种，如蝴蝶兰等。为了避免一些文化上的歧义，企业的花卉装饰除摆放花坛以外，一般较少使用菊花。在一些特定地区，还要避免某些由于谐音可能产生误解的花卉，比如在广东地区，认为"梅"通"霉"，因此在商务活动乃至节日庆典中，一般不会选择梅花作为美化的花卉。为了办公室工作人员的安全健康，一些花朵艳丽但是生有细微小刺的花卉一般不在企业选择范畴内，如月季等。

有的企业为了外观上形成好的视觉印象，向外界展示自己良好的工作环境和生机勃勃的景象，常会在企业的办公区域外部进行花卉的装饰，如摆放各种鲜花的造型、形成花坛，或者种植常年开花的植物以调节气氛。这些装饰都需要注重颜色和花期选择，一般情况下，炫目、对比强烈的花卉常常成为首选，而花期长、花朵茂密的植物也能够很好地达成目的，如籁杜鹃、紫薇、木槿花等。

有些企业为了减少花卉成本和管理工作量会采用一些绢花，虽然外观达到了效果，但是在心理影响上、美化的效果上要稍逊一筹。尤其对于一些需要展示实力的企业来说，这种方式不值得提倡。

2）动物

植物固然可以带给人们视觉上的享受，但是单调枯燥的办公室环境更需要活的元素进行点缀，而观赏鱼养殖可以带来很好的效果。办公室美化中，在玻璃器皿内游动的色彩缤纷的观赏鱼，可以丰富办公室色彩，调节单调的办公室工作节奏。尤其在中国文化中，游动的鱼与灵动的水象征不息的生机，因此很多企业都采用了这种美化方式，这也是中国文化理念在办公室环境中的一种体现。

由于动物养殖相对于植物养护来说要复杂一些，因此引入观赏鱼来美化环境还是有一些困难的。目前一些大企业可能会在大厅入口处养殖大型的观赏鱼，在总经理办公室养殖一些热带观赏鱼类。办公室范围内，有一些工作人员会养殖极小的一两条彩色观赏鱼，有的工作人员还会将水养植物与热带鱼放到一起，形成一个小的生态圈，这样既美化了环境，又体现了其构思巧妙、整体思维的特点。除此之外，在办公公共区域，用动物养殖美化环境的做法还没达到普及推广的程度。

学生自评表

序号	技能点／素质点	佐证	达标	未达标
1	掌握关键概念	能了解办公环境的构成要素和办公室空间管理的要求		
2	办公室布置	能够合理规划办公室空间		
3	办公用品购置	能够合理购置办公用品并编制预算		
4	沟通与交流	能够顺利与他人交流，完成秘书事务所办公空间的规划		
5	团队合作	能够进行有效的团队合作，并充分发挥各自的特点，互帮互助，共同完成任务		
6	资源整合能力	能够借助网络收集资料素材，了解办公室规划的注意事项以及常见的办公用品购置清单		
7	数字技术运用能力	能够借助办公软件设计办公室规划平面图和制作办公用品预算表		

教师评价表

序号	技能点／素质点	佐证	达标	未达标
1	掌握关键概念	能了解办公环境的构成要素和办公室空间管理的要求		
2	办公室布置	能够合理规划办公室空间		

续表

序号	技能点 / 素质点	佐证	达标	未达标
3	办公用品购置	能够合理购置办公用品并编制预算		
4	沟通与交流	能够顺利与他人交流,完成秘书事务所办公空间的规划		
5	团队合作	能够进行有效的团队合作,并充分发挥各自的特点,互帮互助,共同完成任务		
6	资源整合能力	能够借助网络收集资料素材,了解办公室规划的注意事项以及常见的办公用品购置清单		
7	数字技术运用能力	能够借助办公软件设计办公室规划平面图和制作办公用品预算表		

子项目二　招聘与应聘

任务一　拟写招聘文书

📶 案例导入

      经过大学几年的专业学习，你顺利成为一名优秀的文秘专业毕业生，同时不得不面临找工作的问题。你通过招聘网站查看了许多招聘启事，发现很多公司的招聘启事写得不够规范，有的不留公司地址，有的职位名称定位不清，甚至有的公司介绍夸大其词。你认为，一个好的招聘启事不仅可以满足求职者对应聘单位和应聘岗位的信息需求，降低沟通的有效成本，还可以彰显良好的企业形象，吸引更多优秀的求职者投递简历。

      于是，你根据招聘启事上的联系方式，拨通了一家公司的招聘电话："您好，是昌盛秘书事务所的人力资源部吗，我是李××，我想应聘贵公司的总经理办公室秘书，想咨询您几个问题，我看贵公司的招聘启事上写的……"说着说着，对方也意识到招聘启事上还有很多内容没有写清楚，同时对你的业务能力留下了深刻的印象。

思考：

1.除了"招聘启事"，还有哪些公文可以用于发布招聘信息？

2.招聘文书的拟写中需要明确哪些信息？

3.企业招聘文书的拟写还需要注意哪些事项？

📶 实训任务

"招聘与应聘"实训任务单

项　　目		一		任务名称	招聘与应聘
实训课时	4	实训地点		指导教师	
实训学生					

续表

实训目的	撰写招聘员工相关文书；制作应聘简历。
提交材料	1. 参加招聘会公文（3 000）：请示（500）、复函（500）、介绍信或证明（500）、招聘启事（1 000）、面试评估表（500）。 2. 应聘岗位简历（1 500）：个人简历（1 000）、佐证材料（500）。
事务所 实训反思	事务所工作分工如下： 在工作过程中，比较困难的事情有： 改变这种困难的状态可以采取以下方法： 使我们项目的工作更加高效的做法：

实训任务：招聘与应聘（3 000）

秘书事务所成立以来，人员不足，岗位空缺多。此时，秘书事务所人力资源部的经理接到了广州市人才市场举办招聘会的邀请函。上报总经理后，人力资源部立即进行准备工作。

任务：

1. 起草一份参加广州市人才市场招聘会的请示。

2. 经秘书事务所领导审批后，写一份参加广州市人才市场招聘会的复文。

3. 根据秘书事务所人力资源实际情况，拟写一份招聘启事，并开具介绍信或证明。

4. 根据招聘启事，设计自己的求职简历。

一、招聘启事的写作

招聘启事是用人单位面向社会公开招聘有关人员时使用的一种应用文书，是企业获得社会人才的一种方式。招聘启事撰写的质量，会影响招聘的效果和招聘单位的形象。招聘启事的写作格式一般来讲有以下三项内容。

（一）标题

招聘启事可以简单地由事由和文种名称构成。如"招聘启事"或"招工启事"，有的写作"招贤榜"。

较为复杂的招聘启事还可以加上招聘的具体内容，如"招聘抄字员""招聘科技人员启事"，还有的招聘启事在标题中写明招聘的单位名称，如"××公司招聘启事"。

（二）正文

招聘启事的正文较为具体，一般而言，需着重明确下列一些事项。

1. 招聘方的情况

包括招聘方的业务、工作范围及地理位置等。

2. 对招聘对象的具体要求

包括招聘人员的工作性质、业务类型，以及招募人员的年龄、性别、文化程度、工作经历、技术特长、科技成果等。

3. 招募人员受聘后的待遇

该项内容一般要写明月薪或年薪数额，写明执行标准工休情况，是否解决住房，是否安排家属等。

4. 其他情况

应聘人员需交验的证件、应聘的手续，以及应聘的具体时间、地点、联系人、电话号码等。

（三）落款

落款要求在正文右下角署上发表招聘启事的单位名称和招聘启事的发文时间。题目或正文中已有单位名称的可不再重复。

招聘启事要遵循实事求是的原则，对所招聘的各项内容，均应如实写出，既不可夸大也不可缩小。招聘启事的各项内容，可分项分条列出，使之醒目。也可用不同的字体列出以示区别。招聘启事的语言要简练、得体又重点突出，要庄重、严肃又礼貌热情。

示例

招聘启事：高级行政秘书

一、公司介绍

昌盛秘书事务所是一家专注于提供商务秘书服务的公司，致力于为全球用户提供创新的产品和服务。我们的团队充满活力，注重创新，提供富有挑战性的工作环境和丰富的职业发展机会。

二、职位描述

我们正在寻找一位有才华的高级行政秘书来加强我们的团队。你将负责事务所有关文字材料的起草、修改校对、文件管理等工作；负责部门承担的各类会议的组织；完成事务所领导及部门安排的其他工作。

三、职位要求

文秘专业或相关领域的专科及以上学历；

至少两年的秘书工作经验；

精通办公应用软件；

良好的解决问题能力和团队合作能力。

四、工作时间和地点

全职职位，工作地点位于上海。

五、薪酬和福利

我们提供具有竞争力的薪酬（年薪 15 万～20 万元），包括健康保险、年假、员工培训和专业发展机会等。

六、申请流程

请将你的简历发送至（recruitment@××company.com）。请在邮件主题中注明"高级行政秘书申请"。我们将在收到简历后进行筛选，并联系合适的候选人进行面试。

七、联系方式

如有任何疑问，请通过电子邮件或电话（123-4567-890）与我们联系。

八、公司文化和价值观

我们倡导开放、合作和创新的工作环境，尊重每一个员工的想法和贡献。我们相信，只有团队的力量才能推动我们不断前进，创造更大的价值。

二、招聘公告的写作

公告，是指政府、团体对重大事件当众正式公布或者公开宣告、宣布。中共中央办公厅、国务院办公厅 2012 年 4 月 16 日发布、2012 年 7 月 1 日起施行的《党政机关公文处理工作条例》，对公告的使用表述为："适用于向国内外宣布重要事项或者法定事项。"其中包含两方面的内容：一是向国内外宣布重要事项，公布依据政策、法令采取的重大行动等；二是向国内外宣布法定事项，公布依据法律规定告知国内外的有关重要规定和重大行动等。而招聘公告是政府或企事业单位为了选拔和招募合格人员填补职位空缺，而向社会公开发布的官方文件，公告详细说明了招聘的职位、要求、报名时间、考试安排以及录用条件等相关信息，旨在吸引和筛选符合要求的应聘者参与招聘。招聘公告的写作应遵循一定的结构和规范，一般包括以下内容。

（一）标题

招聘公告的标题一般由招聘单位、事由和文种构成，有时也可以加入年份，如"2024 年×××机关公开招聘工作人员的公告"。

（二）引言

在引言部分，简要介绍招聘的目的、背景和意义，让报考者了解本次招聘的总体情况。

（三）招聘职位及人数

详细列出本次招聘的职位名称、人数及对应的岗位职责。对于每个职位，应清晰描述其工作内容、职责范围和要求，以便报考者了解并选择合适的职位。

（四）应聘条件

明确列出应聘条件，包括学历、年龄、政治面貌、工作经验、专业背景等方面的要求。应聘条件应具体、明确，避免产生歧义。同时，我们需要确保条件的合理性和公平性，不得设置与职位无关的歧视性条件。

（五）应聘方式及时间

详细说明应聘的方式、时间、地点和所需材料。应聘方式可以包括网上报名、现场报名等，应提供具体的报名操作步骤和注意事项。应聘时间应明确起止日期，避免产生歧义。同时，要提醒应聘者准备好相关材料，确保应聘手续的顺利完成。

（六）考核方式

在招聘过程中如果涉及考核方式，应介绍考核的形式、内容、时间和地点等。对于笔试，应说明考试科目、题型和分值等；对于面试，应说明面试形式、评分标准等。考核时间和地点应提前通知报考者，以便报考者做好相关准备。

（七）薪资待遇及福利

可根据具体情况明确列出被录用人员的薪资待遇、福利待遇及晋升空间等。这有助于吸引更多符合条件的报考者参与招考。同时，要确保薪资待遇的公平性和合理性，符合国家和地方的相关规定。

（八）其他事项

在招聘公告的结尾部分，可以列出一些其他需要应聘者注意的事项，如体检、政审、公示等环节的具体要求。同时，可以提醒应聘者关注招聘单位的官方网站或公告栏，以便及时了解招聘进度和相关信息。

（九）联系方式与监督渠道

提供招聘单位的联系方式，包括电话、邮箱等，以便应聘者在有疑问或需要了解更多信息时能够及时咨询。同时，公布监督渠道，如举报电话、邮箱等，确保招聘过程的公开、公平和公正。

在拟写招聘公告时，要注意语言的准确性和规范性，避免使用模糊或容易产生歧义的词汇。同时，要确保信息的完整性和真实性，不得有虚假宣传或误导报考者的行为。通过精心拟写招考公告，可以吸引更多符合条件的应聘者参与招聘，提高招聘质量。

📡 示例

2024 年度昌盛秘书事务所公开招聘工作人员公告

昌盛秘书事务所成立于 2004 年 7 月，根据事务所发展规划及未来人才梯队建设需要，现公开招聘管理储备人才。现就有关事项公告如下。

一、招聘原则

（一）坚持面向社会、公开招聘；

（二）坚持考试考察、择优聘用。

二、招聘计划

具体岗位计划详见附件《2024 年度昌盛秘书事务所公开招聘工作人员岗位汇总表》。

三、招聘条件

招聘对象为符合招聘岗位条件的人员，且必须符合以下条件：

（一）遵守宪法和法律；

（二）具有良好的品行和职业道德；

（三）具有岗位所需的专业或技能条件；

（四）具有适应岗位要求的身体条件和心理素质；

（五）具有岗位所需的其他条件。

四、报名

（一）报名采取网上报名，应聘者需进入网上招聘系统报名（网址：×××），每人限报一个岗位；

（二）应聘人员应如实提供应聘材料，如因材料不实或填写不规范造成的一切后果由应聘人员负责；

（三）报名时间为公告发布之日起至 2024 年 10 月 10 日 24 时止。

五、考试考核

公开招聘考核主要是测试应聘者是否符合招聘岗位所要求的专业技术、知识水平、写作水平、业务素质与工作能力。考核分为笔试和专业技能测试。专业技能测试主要采取面试的形式。考核总成绩 ＝ 笔试成绩 ×40%＋ 专业技能测试成绩 ×60%。笔试和面试具体事项另行通知。

事务所根据招聘计划人数按照考核总成绩从高到低的顺序确定进入体检和考察人员名单。若出现总成绩排名相同的情况，按专业技能测试总成绩从高到低的顺序确定人选。

六、体检和考察

体检工作按照《昌盛秘书事务所录用体检通用标准》等有关规定执行。考察工作根据拟聘用岗位的要求，采取多种形式，了解考察对象在政治思想、道德品质、能力素质等方面的情况。

七、公示

根据考核成绩、体检和考察结果，研究确定拟录取人员，并在昌盛秘书事务所官方网站公示7个工作日。

八、签约聘用

经公示无异议或公示结果不影响聘用的，事务所按照规定办理有关聘用手续。

九、联系方式

事务所地址：××省××市×××路×××号

联系人：王经理

联系电话：×××××××××××

附件：《2024年度昌盛秘书事务所公开招聘工作人员岗位汇总表》

昌盛秘书事务所

2024年9月10日

任务二 制作应聘岗位简历

案例导入

临近毕业，同学们都觉得求职的压力很大。小李和你一样是应届专科毕业生。有一天小李看到某家大公司招聘工程师，应聘条件上写明需要的最低学历是本科。为了获得这家大公司的面试机会，小李给他们投了份简历，上面写着自己为本科学历。面试官在面试他之后让他来公司上班，却在接到公司人事部门的电话后放弃录取他，因为经过调查后发现，他的学历是假的。其实公司对外招聘时写的学历要求是本科，如果经验足够丰富，大专学历也会考虑。如果不是小李的不诚实，这份工作也许已经到手了。你得知这件事后感慨良多："在求职中诚信很重要，但是怎样的简历才能吸引HR的注意，并且得到面试机会呢？我想应聘大企业的行政秘书一职，应该怎样制作简历呢？"

虽然你也做了一份简历，但左看右看都觉得不满意，但又不知道怎么去改，哪些应该写上，哪些没有必要写，这事真是很为难。这时你想起你的专业课老师的一句话："学会站在企业的角度去考虑问题,你才会更像一个企业人。"是呀,如果我是一个人力资源经理,我会关注哪些方面呢?想到这个问题,你觉得清楚了很多。

思考:
1. 了解一般企业秘书岗位的任职要求、岗位职责。
2. 如何制作一份有个人特色的求职简历。

一、简历的基本内容

标准简历主要包括以下基本内容。

(一)基本情况

基本情况包括求职者的姓名、性别、出生日期、婚姻状况、联系方式等。求职者的姓名、地址和联系方式应写在简历的顶端,以方便招聘方能第一时间联系到自己。

(二)求职目标

紧随姓名、地址和联系方式之后的便是求职者的求职目标。目标的填写要简明扼要,要清楚表明应聘的职位、薪资、福利或其他要求。

(三)教育背景

教育背景是指求职者按时间顺序列出初中至最高学历,就读的学校、专业、学习的主要课程,以及所参加的各种技能培训。在填写教育背景时,求职者应当把最近获得的学位或最高学历写在前面。一般方法是写清学校名称、专业及毕业时间。假如求职者目前仍在校就读,就应写上将按计划毕业的时间。另外,求职者还应将与所应聘的职位相关的主要课程或自己所获得的荣誉在求职简历中体现出来。

(四)实习或工作经历

实习或工作经历是指求职者按时间顺序列出自己参加实习或工作至今所有的就业记录,包括公司/单位名称、职务、就任及离任时间。应突出所任职位的职责、工作性质等,需要注意的是,这部分内容是求职简历的精髓部分。

(五)其他

其他内容包括求职者的个人特长及爱好、其他技能、所参加的专业团体、所出版的作品、证明人等其他需要说明的内容。

当然，宗教信仰、种族、身高、体重、血型、健康状况、家庭信息及家庭地址等信息是不需要全部写进简历中的。一方面为了避免个人详细信息的泄露，另一方面企业招聘除非有部分特殊岗位的需求，以上信息也不是企业必须知道的。

二、简历制作的基本要求

标准简历的制作要符合以下基本要求。

（一）简洁明了

一份简历，企业的人力资源经理会花多少时间阅读呢？目前有大量的事实反映，人力资源经理初次浏览一份简历的时间平均不超过 1 分钟。因此尽管简历的分类有很多，既有详细型简历又有简约型简历，但是求职者还是应该选择内容精练的简约型简历，值得注意的是，这种"简"是简约而不是简单。

（二）先主后次

先主后次，是指求职者在简历中把主要的内容放在前面，次要的内容放在后面。如工作经验、应聘职位、待遇要求等写在前面，自我介绍、兴趣爱好等写在后面。

（三）语言得体

语言得体，是指撰写简历时不要使用长句，一般都用短句或短语，在描述相关技能的时候最好使用专业词汇，这样可以让人力资源经理的印象更加深刻。

（四）内容要全

内容要全，是指简历中该有的内容都得有，如个人信息、工作意向、工作经验、教育背景、证书信息、技能信息、兴趣爱好等。

（五）要有针对性

要有针对性，是指简历中的求职意向要与工作经验里描述的岗位相匹配或者接近。此外，技能、特长等信息最好也应符合或接近应聘要求。

三、"黄金简历"制作的技巧

"黄金简历"的制作，既要重"简"，又要求"全"，这样才能吸引住人力资源经理的眼球。

（一）简约而不简单

1. 简在"关键词"

对于一份简历，人力资源经理采用的阅读方式通常是扫描式浏览，而不是深究式阅读，那么扫描什么呢？主要还是关键词。这些关键词可以体现出求职者的优势，因此求职者可以用加粗和放大字号等方式突出"关键词"，但是要注意的是不要使用斜体以及下划线的表达方式，这会让人力资源经理阅读起来很费力。

2. 简在"行为动词"

简历中的文字是单调、枯燥的，但是多使用行为动词就能让人感觉求职者在平时生活和工作中是积极主动的，求职者本人也是充满活力的。那么哪些行为动词可以在简历中经常使用呢？如反映求职者的管理能力的有"详细制定""安排""维持""协助"等词语，反映求职者的个人组织能力的有"评估""筹建""策划""谈判"等词语。

3. 简在数字

一份简历如果全是文字也不好，显得有些呆板，而多用数字说明问题也能收到一些较好的效果。如在描述社会实践活动经历方面，求职者除了写"协助公司作了市场调查"这样的文字信息，最好在其后再拓展一些数字信息，这样更有说服力，如"组织 10 人发出 3 000 份调查问卷，并有效回收 90% 的问卷"。

4. 简在客观态度

人力资源经理阅读求职者简历时，人力资源经理更希望求职者是站在真实、客观、公正的立场上来评价自己，文秘人员在现实工作中也是辅助领导决策的参谋者，因此求职者要在简历中少使用"本人""我""笔者"等一类的词语。这样会让人力资源经理对求职者产生自以为是的感觉。此外，求职者还应注重在简历中多使用本行业的专业术语，这会让人力资源经理产生好感。

（二）"全"心更"全"意

1. 个人信息相对"全"

不少求职者在个人信息表述方面都有着这样的心态，希望把自己所有的相关资料都表述出来，这显然是一种错误的观念，求职者最重要的还是要针对岗位需求提供个人基本信息，在表述方面要做到简洁、清晰和有效。那么，求职者需要表述的个人信息有哪些呢？

首先，姓名自然是必须有的。在中文名字设计方面，建议使用楷体字，加粗，个别生僻字需要加拼音。除此之外，联系电话、地址和电子邮箱这几项信息是必须有的。

其次，政治面貌、身高、体重、籍贯等信息，则要视具体情况而定，并不是每项工作都需要这些信息齐全。如身高信息，如果求职者对自己身高满意，那可以填写出来；相反，对自己身高并不是很满意的，则要避免填写出来，要懂得"扬长避短"的道理。

2. 求职目标定位"全"

求职目标要具有针对性，岗位与教育背景、技能、工作经历以及自身的性格要相匹配。求职者的求职目标可以直接清晰、明确表述为"文秘及相关行政事务工作"，而不是含糊地说出一些如"给我一个岗位，还你一份惊喜"这样与求职目标无关痛痒的话。

3. 教育背景内涵"全"

在教育背景方面，除了毕业院校和本人学历，专业核心课程也要写出，并且最好突出求职者的成绩及排名。如果获得了奖学金，最好在标明奖学金级别的同时，在其后标注一些内容，如"国家奖学金"（全校仅有的10名学生之一）。

4. 实习经历、工作经历包罗"全"

如果求职者没有全职工作经历，在描述中应该要注意体现出和职位相匹配的综合素质和潜力；如果求职者有多个实践以及工作经历，可以用倒叙结构来陈述，最重要的还是工作的结果和成就：你从中学到了哪些技能又获得了哪些素质的提高。对求职者来说，团队能力、组织能力、沟通能力、表达能力、文字书写能力这五项能力如果能体现出来那就最好了。

5. 奖励情况、证书技能匹配"全"

无论是获奖情况还是证书技能，都要讲究一个与目标职位相匹配的原则，也就是说宁缺毋滥。对求职工作最有用和与之最直接相关的能力要全部保留，而那些无关的奖励及证书技能则不必过多表现。如求职者在应聘企业文员岗位的时候，"有英语四级证书和国家计算机一级证书"，这样的直接表述，显然是不合适的，我们应该在证书之后体现出相应的能力指标：

| 职业技能 | 1. 英语：CET-4（610分），有较强的英语听、说、读、写能力，曾在2022年广交会担任翻译助理工作。 |
| | 2. 国家计算机一级证书：熟练操作 Office 办公软件，能用 Word 制作企业常用文书，用 Excel 建立企业信息数据库，用 PPT 进行产品策划和演示。 |

（三）"有的放矢"

要站在人力资源经理的角度来制作自己的简历。简历中描述的内容与企业招聘广告中的要求吻合度越高越有可能获得面试机会。如岗位要求中的"能承受工作压力"代表可能该职位的工作量会很大，会有经常加班的情况。求职者如果能在简历中表述出能接受加班来完成工作的心态，将会在人力资源经理心目中有加分。再比如，应对"具备基本的英语书面和口语交流的能力"这一要求，求职者应在简历中补充口语证书或是相关语言认证，这将使求职者的简历排在人力资源经理考虑的前几位；当出现"有一定的文字功底及文字推广策划运作能力"这一要求时，求职者需要在简历的附件中加上个人的原创文章和推广策划书。

求职者要摆脱"必须有简历背景和简历封面"的误区，也不要在简历中附带没有意义的附件。通常公司邮箱不能接收超过 3 M 的附件，否则求职者的简历会被直接弹回。同时，附件字节越大，人力资源经理打开它所需要的时间也会越久，这将不利于人力资源经理对简历的阅读。

同样地，如果不是特别要求，最好不要直接附上照片。因为，这并不会提高求职者面试的概率。如果求职者上传的照片能给简历加分，就请尽量保证上传的是清晰照片。

既然制作"黄金简历"必须紧扣招聘要求，那么求职者首先得学会分析所聘岗位的职位描述，这样在投递简历的时候才能有的放矢并且提高面试邀约率。

学生自评表

序号	技能点 / 素质点	佐证	达标	未达标
1	掌握关键概念	能了解常见的招聘文书的写作结构和岗位简历的基本内容		
2	文书写作	能够正确拟写招聘文书和制作岗位简历		
3	办公室布置	能够合理规划办公室空间		
4	沟通与交流	能够顺利与他人交流，完成招聘文书拟写的任务		
5	团队合作	能够进行有效的团队合作，并充分发挥成员各自的特点，互帮互助，共同完成任务		
6	资源整合能力	能够借助网络收集资料素材，了解优秀招聘文书和岗位简历的撰写技巧		
7	数字技术运用能力	能够借助办公软件设计招聘文书和岗位简历		

教师评价表

序号	技能点 / 素质点	佐证	达标	未达标
1	掌握关键概念	能了解常见的招聘文书的写作结构和岗位简历的基本内容		
2	文书写作	能够正确拟写招聘文书和制作岗位简历		

序号	技能点／素质点	佐证	达标	未达标
3	办公室布置	能够合理规划办公室空间		
4	沟通与交流	能够顺利与他人交流，完成招聘文书拟写的任务		
5	团队合作	能够进行有效的团队合作，并充分发挥成员各自的特点，互帮互助，共同完成任务		
6	资源整合能力	能够借助网络收集资料素材，了解优秀招聘文书和岗位简历的撰写技巧		
7	数字技术运用能力	能够借助办公软件设计招聘文书和岗位简历		

任务三　应聘与面试

案例导入

　　一位刚毕业的女大学生到一家公司应聘高级秘书岗位的工作，面试时即遭到拒绝，原因是她太年轻。女大学生却没有泄气，一再坚持。她对主考官说："请再给我一次机会，让我参加完面试。"主考官拗不过她，答应了她的请求。并且由公司的人事总监亲自面试。

　　人事总监对这位女大学生颇有好感，因为她的笔试成绩最好。不过，女孩说自己没有工作经验，唯一的经验是在学校担任过秘书事务所的所长。他们不愿找一个没有工作经验的人做高级秘书。人事总监只好敷衍道："今天就到这里，如有消息我会打电话通知你。"

　　女孩从座位上站起来，向人事总监点点头，并从口袋里掏出一张一元纸币双手递给人事总监："不管是否录取，请都给我打个电话。"

　　人事总监从未遇到过这种情况，竟一下子呆住了。不过他很快回过神来，问："假如你没被录用，我打电话，你想知道些什么呢？"

　　"请告诉我，我哪方面达不到贵公司的要求，我好改进。"

　　"那这一块钱……"

　　没等人事总监说完，女孩微笑着解释道："给没有被录用的人打电话不属于公司的正常开支，所以由我付电话费，请您一定打给我。"

　　人事总监马上微笑着说："请你把一元钱收回。我不会再打电话了，我现在就正式通知你，你被录用了。"

就这样，女孩用一元钱敲开了机遇的大门。

思考：

1. 案例中的女孩为什么能够获得录用机会？

2. 面试常见的流程和形式有哪些？

3. 在面试中我们应该注意哪些事项？

实训任务

"应聘与面试"实训任务单

项目	一			任务名称	应聘与面试	
实训课时	4	实训地点			指导教师	
实训学生						
实训目的	掌握面试的相关技巧					
提交材料	1. 应聘与面试（1 500）：自我介绍稿（500）、模拟面试图片（1 000）。 2. 秘书职业规划（1 000）：秘书岗位说明书（500）、职业规划（500）。					
事务所 实训反思	事务所工作分工如下： 在工作过程中，比较困难的事情有： 改变这种困难的状态可以采取以下方法： 使我们项目的工作更加高效的做法：					

实训任务：应聘与面试（2 500）

秘书事务所成立以来，人员不足，岗位空缺多。此时，事务所人力资源部的经理接到了广州人才市场举办招聘会的邀请函。上报总经理后，人力资源部立即进行准备工作，并拟写了招聘启事。招聘启事发布后，收到了大量的应聘简历，假如你通过了简历筛选环节，顺利进入面试，请完成下列任务。

任务：

1. 完成面试自我介绍稿和预设问题回答提纲。

2. 模拟面试。

3. 制定秘书岗位说明书。

4. 完成未来 3 ~ 5 年职业发展规划书。

一、面试的种类

面试是一种经过组织者精心设计，在特定场景下，以面试官和应聘者面对面交谈与观察为主要方式，由表及里地测评应聘者的知识、能力、经验等有关素质的一种考试活动。

（一）结构化面试、非结构化面试和半结构化面试

根据面试的标准化程度划分，面试可以分为结构化面试、非结构化面试和半结构化面试。

结构化面试，即规范化面试，是指依照预先设定好的题目、程序和标准进行面试，要求做到程序的结构化、题目的结构化和评分标准的结构化。

非结构化面试，是指在面试中没有事先固定的框架结构，也不使用有确定答案的固定问题的面试。

半结构化面试，是介于结构化与非结构化之间的一种面试形式。

（二）单独面试（序列化面试）和小组面试（同时化面试）

根据面试实施的方式，面试可以分为单独面试（序列化面试）和小组面试（同时化面试）。单独面试（序列化面试），是指面试官与每一位应聘者依次单独交谈的面试形式；小组面试（同时化面试），是指面试官同时对若干位应聘者一同进行面试的形式。

（三）一次性面试和分阶段面试

根据面试实施的进程，面试可以分为一次性面试和分阶段面试。

一次性面试，是指用人单位将应聘者集中在一起进行的面试。

分阶段面试，是指用人单位分几次对应聘者进行的面试。

二、面试的基本礼仪

（一）提前到达面试地点

一旦和用人单位约好了面试时间，一定要提前 5 分钟至 10 分钟到达面试地点，以表示应聘者的诚意，给对方以信任感，同时可以调整自己的心态，作一些简单的仪表准备，以免仓促上阵。为了做到这一点，应聘者一定要牢记面试的时间和地点，有条件的话可以提前去一趟面试地点，以免因一时找不到地方或途中延误而迟到。

（二）身处面试场合时要礼貌大方

应聘者面试入场时，如果门关着，应聘者应先敲门，得到面试官允许后再进去。应聘者要注意开关门时动作要轻，姿态以从容、自然为好。应聘者与面试官见面时要主动向其打招

呼问好，称呼应当得体。在面试官没有示意应聘者坐下时，应聘者切勿急于落座。若面试官示意应聘者坐下，应聘者坐下时应道声"谢谢"，并且在坐下后保持良好体态，切忌大大咧咧、左顾右盼、满不在乎，以免引起面试官反感。应聘者离去时应询问面试官"还有什么要问的吗"，得到面试官允许后应微笑起立，道谢并说"再见"。

（三）对用人单位提出的问题要逐一回答

面试官向应聘者介绍情况时，应聘者一定要认真聆听。为了表示自己已听懂并感兴趣，应聘者可以在适当的时候点头示意或适当提问、答话。回答面试官的问题时，应聘者的口齿要清晰，声音要适度，答话要简练、完整。一般情况下应聘者不要打断面试官的问话或抢问抢答，否则会给人以急躁、鲁莽、不礼貌的印象。面试官问话完毕听不懂时，应聘者可以要求面试官进行重复。当不能回答某一问题时，应聘者应如实告诉用人单位。对重复的问题应聘者也要有耐心，不要表现出不耐烦。

（四）不要有这些小动作

手：这个部位最容易出问题。如应聘者的双手总忙个不停，做些玩弄领带、挖鼻孔、抚弄头发、掰关节、摆弄面试官递过来的名片等动作。

脚：不住地晃动、前伸、翘起等，不仅人为地制造紧张气氛，而且显得应聘者心不在焉。这是相当不礼貌的行为。

背：弯着腰，弓着背，这样会显得应聘者缺乏自信心。

眼：眼神或惊慌失措，或躲躲闪闪，该正视面试官时却目光游移不定，给人一种缺乏自信的感觉，极易使面试官产生反感。另外，若死盯着面试官的话，又难免给面试官造成压迫感，这样也是不对的。

脸：面部或呆滞死板，或冷漠无生气等，如此"僵尸"般的表情是无法打动人的。一张活泼动人的脸很重要。

总之，在面试时，以上这些坏习惯应聘者一定要改掉，并自始至终保持彬彬有礼、不卑不亢、大方得体、生动活泼的言谈举止，这样不仅可以大大提升增强应聘者的个人形象，而且往往会使其成功的机会大增。

三、面试的基本问题

（一）关于个人方面的问题

1. 请介绍一下你自己

在面试前，用人单位大多已看过应聘者的自荐材料，对一些基本情况都有所了解，因此，应聘者在进行自我介绍时要简洁，重点突出自己应聘该单位的动机和具备什么样的素质可以满足用人单位的要求。

2. 你的优点和缺点

应聘者要充分介绍自己的优点，但最好少用形容词，而用能够反映自己优点的事实来说话。应聘者在介绍自己的缺点时可以从大学生普遍存在的弱点方面进行介绍，如缺少社会经验。有一些缺点（如曾经受过处分），也应如实介绍，同时可以多谈一些现在的认识和后来改正的情况。

（二）关于学业、经历等方面的问题

1. 你对自己的学习成绩满意吗

有的应聘者的学习成绩比较好，这样的问题就很好回答。但是对于那些学习成绩不太理想的应聘者来说则可以表明自己的态度，并给予一个合适的理由，但不能找客观原因，如"老师教得不好"，这样会显得应聘者是一个推卸责任的人，同时最好突出一个自己好的方面，以免让用人单位觉得你一无是处。

2. 你如何评价你的大学生活

大学期间是职业生涯的准备期，应聘者可以强调自己的学习、工作、生活态度及取得的成绩，以及大学生活对自己的影响，另外也可以简要地提一些自己努力不够的地方。

3. 你担任过什么职务或参加过什么活动

应聘者可以介绍一下自己的实习经历、社会调查、社团活动、勤工俭学等方面的情况以及取得的成绩。应聘者最好介绍一下自己在这些活动中取得的实际工作经验对自己今后工作的重要性，这能说明应聘者是一个善于学习的人。

（三）关于单位方面的问题

1. 你了解我们单位吗

只要应聘者提前做些准备工作，从多种途径收集用人单位的信息，这样的问题就比较容易回答。如果应聘者答非所问或根本不知道怎么回答，场面可能会很尴尬。

2. 你了解我们所招聘的岗位吗

应聘者针对这样的问题可以从岗位职责和对应聘者的要求两个方面谈起，很多应聘者在这样的问题面前显得手足无措，其实只要详细阅读用人单位的招聘信息就可以了。

3. 你为什么应聘我们单位

应聘者可以从用人单位在行业中的地位，自己的兴趣、能力和日后的发展前景等角度回答这样的问题。

4. 你是否应聘过其他的单位

一般来说，用人单位都能够理解应聘者同时应聘几家单位的事实，因此应聘者可以如实地回答，但最好能说明自己选择的次序。

（四）关于职业方面的问题

1. 你找工作最重要的考虑因素

应聘者可以结合自己正在应聘的工作，侧重谈自己的兴趣、自己对于取得事业上成就的渴望、施展自己才能的可能性、未来的发展前景等方面来回答这样的问题。

2. 你认为你适合什么样的工作

对于这样的问题，应聘者可以结合自己的长处或者专业背景来回答，也许用人单位是结合未来的工作安排来提问的，也许用人单位只是一般性地了解应聘者对自己的评价，因此应聘者不要说不知道，也不要说什么都行。

3. 你是如何规划你个人的职业生涯的

应聘者在求职前一定要对这样的问题有所考虑，因为这样的问题不仅在面试时可能被问到，而且对这个问题的思考有助于为个人树立目标。

（五）其他方面的问题

1. 假设遇到某种情况你会怎样做

面试官可能会就某方面工作让应聘者来具体回答实施步骤或者解决方案。比如假设应聘者是行政秘书，提问关于会议超员的问题等。（准备了 10 个人的会议室，但是却有 13 个人前来开会，请问该如何处理？）

2. 知识性的问题

在面试过程中，面试官可能会直接问到与专业知识相关的问题，甚至会出题目让应聘者解答。应聘者只有在平时打好专业基础才能迎刃而解。

3. 你有什么问题需要提出

基本上，在面试接近尾声时，面试官会示意应聘者可以向其提问。这时应聘者可以就如果被用人单位录用后可能会接受的培训、工作的主要职责等问题向面试官进行提问。

任务四　秘书的职业形象设计

📶案例导入

　　你是文秘专业的一名应届毕业生，又到了一年毕业季，你计划应聘一份企业秘书的工作，虽然在学校里你参加过一些社会实践活动，但是毕竟对职场没有太多的了解，所以你一直在忐忑中，既渴望早点找到自己喜欢的工作，又有些莫名的恐惧。

　　这天是周一，你吃完早餐回到宿舍，带着激动和忐忑的心情进行最后的准备工作，打算9点钟出发前往市人才市场。你是一个不爱受约束，个性浪漫开朗，平时喜欢穿休闲运动装束的女孩。面对镜中的自己，想着"今天该穿什么衣服呢？还是先看看别人是怎么穿的吧。"

　　你拿着几大本个人形象设计、职场着装的书，又上网找了一些视频，心里渐渐明晰了，同时想起了礼仪课老师的一句话，"一个人想成功首先要看上去像个成功者，所以你要让自己看上去就像一个职业秘书"。

思考：

1.谈谈秘书的自我形象设计在职场工作中的重要性。

2.除了着装，秘书还有哪些举止和行为规范需要遵守?

一、职场着装规则

俗话说"人靠衣装马靠鞍"，如果应聘者希望在职场中建立良好的形象，那就需要全方位地注重自己的仪表。其中，着装是最重要的，着装实际上是一种符号、一种暗示，它能够向人们传递出应聘者是否具有职业精神。

职场着装原则可以概括为以下"六个不能"。

第一，不能过分杂乱，杂乱导致的最直接错误就是不按常规着装。

第二，不能过分鲜艳，职场人士应当坚持"庄重保守"的着装原则。

第三，不能过分暴露，职场女性尤其需要高度注意这个问题。

第四，不能过分透视，特别是在夏季。

第五，不能过分短小，凡职场人士都不能穿短裤上班。

第六，不能过分紧身，特别是职场女性更不能穿着过于紧身的服装。所谓紧身，其标准是凡能特别凸显出人体敏感部位的服装都应视为紧身服装。

（一）女士职场着装原则

女性职业装以套装为主，所以，女士职场着装原则首先从套裙讲起。套裙一般包括女式西装上衣和裙子。

1. 面料选择

套裙的面料要质地上乘、纯天然，上衣、裙子必须是同种面料，宜选用不起皱、不起毛、不起球、匀称平整、柔软丰厚、悬垂挺括、手感较好的面料。

2. 色彩

套裙应当以冷色调为主，借以体现出着装者的典雅、端庄与稳重。着装者还需使之与正在风行一时的各种流行色保持一定的距离，以示自己的风格与持重。另外，一套套裙的全部色彩不要超过两种，不然就会显得杂乱无章。

3. 尺寸

套裙在整体造型上的变化，主要表现在它的长短与宽窄两个方面。套裙一般要求上衣不宜过长，下裙不宜过短。通常，套裙之中的上衣最短可以齐腰，而裙子最长则可以达到小腿的中部。裙子下摆恰好抵达着装者小腿肚子上的最丰满处乃是最为标准、最为理想的裙长。以宽窄肥瘦而论，套裙之中的上衣分为紧身式与松身式两种。一般来说，紧身式上衣显得较为传统，松身式上衣则看起来更加时尚一些。另外，上衣的袖长以恰好盖住着装者的手腕为好；上衣或裙子均不可过于肥大或过于紧身。

4. 穿着到位

在正式场合穿着套裙时，上衣的领子要完全翻好，上衣的衣扣必须全部系上。不要当着他人的面随便将上衣脱下，也不要将上衣披在身上，或者搭在身上。裙子要穿得端端正正、上下对齐，着装者应将衬衫下摆掖入衬裙的裙腰与套裙的裙腰之间，切不可将其掖入衬裙裙腰之内。另外，着装者还需要根据自身年龄、体型、气质、职业等特点选择适宜的套裙款式。比如，较胖的女性可以穿一般款式，颜色可以略深些；肤色较深的人不适宜穿蓝色、绿色或黑色的套裙。国际上通常认为袜子是内衣的一部分，因此，绝不可露出袜边。为避免这种尴尬，女士要么穿长到大腿的长筒袜，要么索性不穿丝袜，但是不能穿那种半长不短的丝袜。

5. 妆饰

套裙上不宜添加过多的点缀。一般来说，职场女性不宜穿着以贴布、绣花、花边、金线、彩条、扣链、亮片、珍珠、皮革等进行点缀或装饰的套裙。在穿着套裙时，既不可以不化妆，又不可以化浓妆；不允许佩戴有可能过度张扬自己的首饰。

6. 搭配

衬衫应轻薄柔软，色彩与外套协调。内衣的轮廓最好不要从外面显露出来。衬裙应为白色或肉色，不宜有任何图案。衬裙裙腰不可高于套裙裙腰而暴露于外。与套裙配套的鞋子宜为皮鞋，并以棕色或黑色皮鞋为佳。袜子也不可随意乱穿，所穿的袜子可以是尼龙丝袜或羊毛袜。另外，千万不要将打底裤、九分裤等服装当成袜子来穿。

（二）男士职场着装原则

1. 三色原则

三色原则一直以来都是男士着装礼仪中重点强调的内容，主要是指男士身上的色系不应超过 3 种，很接近的色彩应视为同一种色系。

2. 有领原则

有领原则是指正装必须是有领的，无领的服装不能作为正装。男士正装中的领通常体现为有领衬衫。

3. 纽扣原则

纽扣原则是指绝大部分情况下，正装应当是纽扣式的服装，拉链式的服装通常不能作为正装，某些比较庄重的夹克事实上也不能作为正装。

4. 皮带原则

皮带原则是指男士的长裤必须是系皮带的，有弹性的运动裤不能作为正装，牛仔裤自然也不算。即便是西裤，如果不系皮带就能穿着，那也说明这条西裤的腰围不适合作为正装穿着。

5. 皮鞋原则

皮鞋原则是指正装离不开皮鞋，运动鞋、布鞋和拖鞋是不能作为正装的。最为经典的正装皮鞋是系带式的，不过随着潮流的改变，方便实用的无带皮鞋也逐渐成为主流。

二、职场仪态规范

仪态，是指一个人的姿态、举止和风度，即一个人的表情、行为、动作，也包括一个人的体态语言。它反映一个人的性格、心理、感情、素养和气质。一个人即使有出众的相貌、时髦的衣着，但如果没有相应的行为美，也会破坏自己的形象。我们的姿态举止就应该体现秀雅合适的行为美，要站有站相、坐有坐相、行有行相。

（一）站姿：要有稳定感

最容易表现体态特征的是人处于站立时的姿势。社交场合中的站姿，要求做到"站有站相"，注意站姿的优美和典雅。

女性的站姿应是亭亭玉立、文静优雅；男性应是刚劲挺拔、稳健大方。

正确的站立姿势应是端正、庄重，具有稳定性。站立时的人，从正面看去，应以鼻子为点与地面呈垂直状，人体在垂直线的两侧对称，表情自然明朗。

📶 温馨提示

防止不雅站姿

1. 上身，歪着脖子、斜着肩或一肩高一肩低、弓背、挺着腹、撅臀或身体倚靠其他物体等。

2. 手脚，两腿弯曲、岔开很大以及在一般情境中双手叉腰、双臂抱在胸前、两手插在口袋里等。

3. 动作，搔头抓痒、摆弄衣带、发辫、咬指甲等。

（二）坐姿：讲究稳重感

坐姿是人际交往中最重要的人体姿态，它反映的信息非常丰富。优美的坐姿是端正、优雅、自然、大方的。

入座时，要走到座位的前面再转身，然后右脚向后退半步，再轻稳地坐下，收右脚。

入座后，上体自然坐直，双肩平正放松，立腰、挺胸，两手放在双膝上或两手交叉半握拳放在腿上，亦可两臂微屈，掌心向下，放在桌上。两腿自然弯曲，双脚平落地上，男士双膝稍稍分开，女士双膝必须靠紧，两脚平行，臀部坐在椅子的中央（男士可以坐满椅子，背部轻靠椅背）。双目平视，嘴唇微闭，微收下颌，面带笑容。起立时，右脚向后退半步，而后直立站起，收右脚。

📶 温馨提示

防止不雅坐姿

1. 就座时前倾后仰或是歪歪扭扭，脊背弯曲，头过于前倾，耸肩。

2. 两腿过于岔开或长长地伸出去，萎靡不振地瘫坐在椅子上。

3. 坐下后随意挪动椅子，在正式场合跷二郎腿且摇腿。

4.为了表示谦虚，故意坐在椅子边上，身体萎缩前倾地与人交谈。

5.大腿并拢，小腿分开，或双手放在臀下，腿脚不停地抖动。

（三）走姿：展现精神风貌

行走是人们在日常生活中的主要动作。从一个人的走姿我们就可以看出其精神状态是奋发进取或失意懒散，以及是否受人欢迎等，它最能体现出一个人的精神面貌。

在生活中有的人精心打扮，如果走姿不美，就会逊色三分；有的人尽管服装样式简单，优美的走姿却使其显得气度不凡。

标准的走姿要求：行走时上身挺直，双肩平稳，目光平视，下颌微收，面带微笑；手臂伸直放松，手指自然弯曲，摆动时，以肩关节为轴，上臂带动前臂，向前、向后自然摆动；身体稍向前倾，提髋屈大腿，带动小腿向前迈。

🔊 温馨提示

防止不雅走姿

1.内八字或外八字。

2.弯腰驼背，歪肩晃膀。

3.走路时大甩手，扭腰摆臀，大摇大摆，左顾右盼。

4.双腿过于弯曲或走曲线。

5.步子不要迈太大或太小，不要脚蹭地面、双手插在裤兜里或后脚拖在地面上行走。

6.男士的走姿一步一挪或八字步迈开，会给人以萎靡不振的感觉。

（四）蹲姿：别不顾优雅

蹲姿一般以交叉式蹲姿和高低式蹲姿两种为宜。

1. 交叉式蹲姿

下蹲时，右脚在前，左脚在后，右小腿基本垂直于地面，全脚着地，左腿在后与右腿交叉重叠，左膝由后面伸向右侧，左脚跟抬起，脚掌着地，两腿前后靠紧，合力支撑身体。臀部向下，上身稍向前倾。

2. 高低式蹲姿

下蹲时左脚在前，右脚稍后，两腿靠紧往下蹲。左脚全脚着地，小腿基本垂直于地面，右脚脚跟提起，脚掌着地。右膝低于左膝，右膝内侧靠于左小腿内侧，形成左膝高右膝低的姿势，臀部向下，基本上靠一只腿支撑身体。

📶温馨提示

防止不雅蹲姿

下蹲时一定要注意不要有弯腰、臀部向后撅起的动作；切忌两腿岔开，两腿展开平衡下蹲，以及下蹲时露出内衣裤等不雅的动作，以免影响自己的姿态美。因此，当要捡起落在地上的东西或拿取低处物品的时候，不能有只弯上身、翘臀部的动作，而应首先走到要捡或拿的东西旁边，再使用正确的蹲姿，将东西捡或拿起。

三、职场妆容规范

对于女性而言，职业新人妆容入门须知三要点。

（一）淡妆

粉底：如果长期待在空调房里，照明也是冷调的光源，底妆要选择有保湿效果的粉底。尽量选用接近自己肤色的自然色彩，即使肤色偏黑，也不要去挑选颜色过白的粉底，以免显得不自然。

胭脂：办公妆的颜色应以暖调为主，为使肤色更明快，应选择粉红或橙红。腮红颜色不可强于唇彩。晕染的方法一般在颧骨的下方，外轮廓用修容饼修饰。

唇彩：轻而薄涂于唇上。记住唇线不要太明显，否则会显得品位很差。同时，在选择口红颜色的时候，一定要掌握分寸，以不抢眼为好。

（二）提神

眼影：挑选眼影的颜色也有很多学问，通过服装和年龄，眼影颜色的挑选可以按照不同服装款式和颜色来进行搭配，要越自然越好，大地色和灰色会显得比较自然，更适合职业妆。

眼线：刚劲有力的眼线可以提升眼神。以最容易展现出色泽感的珠光银色眼影为重点。

睫毛：睫毛膏能使睫毛显得浓密而富有光泽，是塑造"明眸善睐"的秘密武器。以睫毛液强调眼睛中央的睫毛，会令人感到聪明、机灵而有知识性；强调眼睛尾部睫毛，则可产生深邃而有质感的眼神。

眉毛：在办公室里，最好的选择应是稍粗而眉峰稍锐的眉形，显得能干而精明。

唇部：唇在面部活动量较大，也是最容易脱妆的部位，最好随时携带一个防水型且持久性好的唇彩或者口红，这样就可以避免在和同事说话时候脱妆产生的尴尬。

（三）仪态

职业女性除了妆容上的洁净优雅，也要注意与化妆相关的礼貌礼仪。应当避免过量地使用芳香型化妆品，并且应当避免在工作岗位上当众化妆或补妆，特别是不要当着一般关系的异性的面为自己化妆或补妆，可以选择在洗手间进行补妆。

对于男性而言，职业妆容相对而言要简单一些。一是要保持面部整洁，尽量展现出阳光的一面，保持脸部的整洁干净，不留胡须是基础；二是不得蓄长发，讲究"前不过眉，后不顶领，两边不遮耳朵"，同时尽量不染发；三是保持口气清新，张口说话不要有异味。

任务五　秘书岗位职业规划

📶 案例导入

应届毕业生的你顺利通过了昌盛秘书事务所的面试，成为一名行政文员。

办理入职手续时，秘书事务所的人力资源经理给你列举了你的工作职责：

（1）接待到访人员。

（2）收发与回复日常公文、邮件。

（3）撰写会议通知、会议纪要、工作总结、报告等材料。

（4）会务的组织与安排。

（5）秘书事务所文书材料的整理与归档。

（6）安排领导的出行日程。

（7）采购和管理办公用品。

（8）处理其他日常行政事务。

随后，人力资源经理又领着你熟悉了一下秘书事务所各个部门，"咱们公司业务范围非常广泛，公司的组织架构包括，最上一层的董事长办公室和总经理办公室，下面是行政部、公关部和人力资源部。秘书事务所所有的部门都应该互相配合，才能保证正常运转"。参观完秘书事务所后，你思考着一个问题："今后我将何以立足？职业生涯开始了，得好好规划一下啊！"

思考:

1. 我们为什么要进行职业生涯规划?

2. 了解秘书岗位的特点、优势及未来的职业发展方向。

一、秘书职业生涯规划的内涵

秘书职业生涯规划是秘书从业人员对职业生涯乃至人生进行持续、系统的计划的过程。一个完整的职业生涯规划由职业定位、目标设定和通道设计三个要素构成。

秘书职业生涯规划,是指秘书从业人员在对自我能力素质及性格特征全面剖析的基础上对所从事的职业进行全面认识,树立自我发展目标,有针对性地制订合理的自我职业发展中长期计划的职业管理行为。

在职业生涯规划中,职业确定以后,向哪一条路线发展,秘书从业人员需作出抉择,以便使自己的学习、工作以及各种行动措施沿着自己的职业生涯路线或预定的方向前进。通常,职业生涯路线的选择必须考虑以下三个问题:

(1)我想向哪一条路线发展?

(2)我能向哪一条路线发展?

(3)我可以向哪一条路线发展?

回答上述三个问题,是秘书从业人员对"知己""知彼"有关情况进行综合分析并加以利用的过程,以此确定自己的最佳职业生涯路线。

第一个问题是秘书从业人员通过对自己的价值、理想、成就动机和兴趣的分析来确定自己的目标取向。

第二个问题是秘书从业人员通过对自己的性格、特长、经历、学历以及专业的分析来确定自己的能力取向。

第三个问题是秘书从业人员通过对自己所处的社会环境、经济环境、政治环境、组织环境等进行分析来确定自己的机会取向。

二、秘书职业生涯规划的制定

秘书职业生涯规划的制定步骤概括起来主要有以下六个方面。

(一)自我分析

自我分析就是秘书从业人员要全面地了解自己。一个有效的职业生涯规划必须是秘书从业人员在客观充分地熟悉自身条件与相关环境的基础上进行的。秘书从业人员要审视自己、了解自己，做好自我评估，包括自己的爱好、特长、性格、学识、技能、智商、情商、思维方式等，即要弄清自己想干什么、能干什么，在众多职业面前选择最适合自己的。秘书从业人员可以采用很多的测评工具进行自我分析，如 MBTI、16PF、霍兰德职业性向、艾克森人格等测评工具，还可以进一步做相关的智商、情商测评等，以便尽可能深入地了解自己。秘书从业人员特别不要忘记让自己的同事和家庭成员甚至好友来评价自己，给自己一些意见，这些意见往往是很中肯的。从现实生活的角度了解你自己。自我分析还可以借助 SWOT工具。

（二）确立目标

确立目标是制定职业生涯规划的关键。通常，目标有短期目标、中期目标、长期目标和人生终极目标之分。长期目标需要个人经过长期艰苦的努力和不懈奋斗才有可能实现，确立长期目标时要立足现实、慎重选择、全面考虑，使之既有现实性又有前瞻性。短期目标更具体，对人的影响也更直接，同时是长远目标的组成部分。

（三）环境分析

秘书从业人员在进行职业生涯规划时要充分了解与熟悉相关的环境，评估环境因素对自己的职业生涯发展的影响，分析环境条件的特点、发展、变化情况，把握环境因素的优势与限制，了解本专业、本行业的地位、形势以及发展趋势。

（四）职业定位

职业定位就是秘书从业人员要为职业目标与自己的潜能以及主（客）观条件谋求最佳匹配。良好的职业定位是以秘书从业人员自己的最佳才能、最优性格、最大爱好、最有利的环境等信息为依据的。在职业定位的过程中秘书从业人员要考虑性格与职业的匹配、爱好与职业的匹配、特长与职业的匹配、专业与职业的匹配等。职业锚可以帮助秘书从业人员做好职业定位，因此秘书从业人员分析和确定自己的职业锚很关键。同时，职业定位应注重：

（1）依据客观现实，考虑个人与社会、单位的关系。

（2）比较鉴别，比较职业的条件、要求、性质与自身条件的匹配情况，选择条件更合适，更符合自己的特长、爱好，经过努力能很快胜任，有发展前途的职业。

（3）扬长避短，看主要方面，不要追求十全十美的职业。

（4）审时度势，及时调整，要根据情况的变化及时调整自身择业目标，不能一成不变。

（五）实施策略

实施策略就是秘书从业人员要制定实现职业生涯目标的行动方案，要有具体的行为措施来保证。没有行动，职业目标就是一种梦想。秘书从业人员要制定周详的行动方案，更要注重去落实行动方案。按照规划的短期目标、中期目标、长期目标执行阶段性的行动方案，再将阶段性的行动方案细化到日常可操作的层面。

（六）评估与反馈

职业生涯规划要在实施中去检验效果，因此，秘书从业人员要及时地诊断职业生涯规划各个环节出现的问题，找出相应的对策，对规划进行调整与完善。整个规划流程中正确的自我评价是最为基础、最为核心的环节，这一环节做得不好或出现偏差，就会导致整个职业生涯规划各个环节出现问题。

三、秘书的职业发展

秘书人员是每个组织都需要的人才，目前各行各业对秘书人员的要求也在不断提高，拥有高学历的高级秘书正逐渐成为人才市场上的紧俏资源。秘书人员的职业发展方向大致有以下五个方面。

（一）行政类

秘书人员可以直接过渡升任为行政管理主任、办公室主任、综合管理部主任等职位，这些案例常见于政府部门、大型企业等。

（二）助理类

秘书人员通过努力可以发展成为董事长助理、总经理助理等领导助理。

（三）人事类

秘书人员可以发展为人力资源经理 / 主管 / 总监。

（四）公关类

秘书人员可以从主要负责接待、协调工作入手过渡升任为公关经理、客户经理，这些案例在餐饮业比较常见。

（五）业务类

秘书人员如果平时跟着老板着手业务工作较多，可以进一步发展成为商务主管、业务经理等。

学生自评表

序号	技能点 / 素质点	佐证	达标	未达标
1	掌握关键概念	能了解常见面试的形式，熟知秘书职业形象设计的内容和职业生涯规划的内涵		
2	面试技巧	能够掌握基本的面试技巧和面试礼仪		
3	职业形象设计	能够正确设计自我职业形象，展现秘书风采		
4	沟通与交流	能够顺利与他人交流，完成模拟面试的任务		
5	团队合作	能够进行有效的团队合作，并充分发挥各自的特点，互帮互助，共同完成任务		
6	资源整合能力	能够借助网络收集资料素材，制定秘书岗位的说明书		
7	职业规划能力	能够根据自身的特点，合理规划未来的职业发展		

教师评价表

序号	技能点 / 素质点	佐证	达标	未达标
1	掌握关键概念	能了解常见面试的形式，熟知秘书职业形象设计的内容和职业生涯规划的内涵		
2	面试技巧	能够掌握基本的面试技巧和面试礼仪		
3	职业形象设计	能够正确设计自我职业形象，展现秘书风采		
4	沟通与交流	能够顺利与他人交流，完成模拟面试的任务		
5	团队合作	能够进行有效的团队合作，并充分发挥各自的特点，互帮互助，共同完成任务		
6	资源整合能力	能够借助网络收集资料素材，制定秘书岗位的说明书		
7	职业规划能力	能够根据自身的特点，合理规划未来的职业发展		

子项目三 组织揭牌仪式

任务一 揭牌仪式策划方案

📶案例导入

　　不知不觉你已经来昌盛秘书事务所工作三个月了，秘书事务所的发展也呈现出蒸蒸日上的态势，为了提升秘书事务所的形象，获得更好的资源，优化办公条件，秘书事务所计划于2024年6月1日乔迁新址，并举办隆重的乔迁揭牌仪式。乔迁后的秘书事务所将致力于打造本土化、规模化、品牌化、共享化的发展目标，并奉行"厚德至诚、笃行为功"的理念，整合本土优势资源，打造专业化的秘书团队，为客户提供专业、优质、高效的商务秘书服务。

　　你负责本次揭牌仪式的流程设计，你拟定了大致流程并报送给领导审批。

　　环节一：领导致辞；

　　环节二：揭牌仪式；

　　环节三：参观新址；

　　环节四：观看演出；

　　环节五：宴请晚会。

　　领导初步肯定了你的想法，并要求你撰写具体的筹备方案，将各个流程进行细化，一时间你陷入了深思……

思考：

1.揭牌仪式属于哪种类型的会务活动？

2.揭牌仪式应当如何策划和组织？

实训任务

项目	一		任务名称	组织揭牌仪式	
实训课时	4	实训地点		指导教师	
实训学生					
实训目的	能制定揭牌仪式策划方案并依据方案实施。				
提交材料	1. 揭牌仪式策划方案（2 500）：策划方案（1 000），邀请函、领导致辞、新闻稿（1 500）。 2. 模拟揭牌过程（3 000）：图片（1 000）、场景布置（2 000）。				
事务所 实训反思	事务所工作分工如下： 在工作过程中，比较困难的事情有： 改变这种困难的状态可以采取以下方法： 使我们项目的工作更加高效的做法：				

实训任务： 组织揭牌仪式（5 500）

经过这些天的筹备工作，秘书事务所将举行隆重的揭牌仪式，并邀请学校领导和合作企事业单位人士参加此次揭牌仪式。秘书事务所领导特别重视此次揭牌仪式，把策划工作交给了行政部。行政部便开始积极筹备。

任务：

1. 根据秘书事务所实际情况，设计一份揭牌仪式策划方案。

2. 拟写邀请函、领导致辞。

3. 做好仪式场地选择，场景布置，准备相关设备等。

4. 模拟揭牌仪式过程。

一、庆典活动概述

（一）庆典活动的概念和意义

1. 庆典活动的概念

所谓庆典活动，指为了庆祝各种节日、重要纪念日或特别的事件，而特意举行的庆祝、礼仪活动。

2. 举行庆典活动的意义

企业或社会组织举行庆典活动，有着明确的公关目的。经过精心准备的大型庆典活动，可以有效地吸引公众的注意力，提醒公众注意本组织的存在，巩固公众对本组织的良好印象并不断强化这种印象，维系与公众的良好关系，从而为事业的持续发展营造一个和谐的外部环境。同时，举办庆典活动（尤其是大型庆典活动）是一项系统工程，往往需要组织内大部分员工参与其中。庆典活动的筹备过程，就是员工们不断加强协作、提高凝聚力的过程。庆典活动的成功举办，可以大大鼓舞员工的士气，增强他们的自豪感和对组织的向心力。可以说，庆典活动是对内外部公众都具有巨大影响力的公关活动。只要举行的时机恰当、规模适度且效果良好，它就能有效促进组织与内外公众的沟通、树立并维护良好形象，其作用不可替代。

（二）庆典活动的特点

1. 庆典活动议程具有很强的仪式性

庆典活动整个议程对各种传统惯例和仪式的高度遵循，对喜庆气氛的竭力营造，使其往往具有典礼的性质，所以很多庆典活动干脆直接以"××典礼"命名，例如，庆祝个人结婚的聚会被称为"××先生与××女士的结婚典礼"、庆祝公司开业的聚会被称为"××公司开业典礼"等。

2. 受邀宾客一般都会用各种方式表示祝贺

庆典活动和其他会议相比最大的不同是受邀宾客一般会用礼金、匾额、花篮、字画、大型工艺礼品等形式表达祝贺之意，那些不能参加的宾客，也会通过各种途径，如发来贺信、贺电，或在媒体发表祝贺文章、利用媒体为举办方点播文艺节目等，表达其祝贺的心情。

3. 成果一般无法用物质载体体现

尽管绝大部分人都承认举办庆典活动意义重大，但事实上，举办庆典活动取得的直接成果却很难用实物或可见于书面载体的具体形式体现出来。至于收到的礼物，不能算作成果，因为那是宾客在庆典活动前就准备好的，不管庆典活动举办得如何，都会将其赠给举办方。因此，对庆典活动成果的评估，主要靠主观定性判断，这与其他会议不一样，其他会议通常可用会议的决议、取得的一致意见、签订的合同、达成的协议等具体量化的成果来衡量。

（三）庆典活动的类型

1. 根据举办庆典活动的主体分类

（1）个人庆典活动，即以个人名义举办，通常是为庆祝个人或其家庭成员的重要日子、重要事件的聚会，如生日庆典活动，升学、乔迁、晋升庆典活动，结婚庆典活动等。

（2）政治组织庆典活动，即国家立法、行政、司法机关，军队，政治党派和其他社会组织，以及部分事业单位等政治性很强的组织所举办的庆典活动，如国家举办的建国××周年庆典、党派选举胜利的庆典活动等。

（3）经济组织庆典活动，指各营利性的经济组织所举办的庆典活动，如商场的开业庆典活动、公司的上市庆典活动等。

（4）其他非社会团体的庆典活动，如各种协会、慈善组织、非营利性科研机构等举办的庆典活动。

2. 根据举办庆典活动的事由分类

（1）节日庆典活动，即为庆祝各种节日而举办的庆典活动。这些节日包括：全民享有的法定节日，如春节、五一节、国庆节等；一定年龄、性别或职业的人所享有的法定节日，如妇女节、青年节、儿童节、建军节、教师节等；民间节日，如傣族的泼水节、壮族的三月三、彝族的火把节等；宗教性节日，如基督教的圣诞节、佛教的盂兰盆节、伊斯兰教的开斋节等。

（2）重要纪念日庆典活动，如为庆祝个人或组织诞生××周年而举行的庆典活动。

（3）重大事件庆典活动，如个人的升学、毕业、结婚、晋升等的庆典活动，经济组织的开业、销售业绩创纪录、重大生产线投产、重大发明成功等的庆典活动，政治组织对促进社会发展的重大事件、对自己政治力量获胜的庆典活动等。

3. 根据所庆祝事件的时间阶段分类

（1）庆祝成功开始的庆典活动，如各经济组织开业、工程开工、重大活动开幕的庆典活动等。

（2）庆祝成功结束的庆典活动，如工程竣工、学生毕业、重大科研项目结项的庆典活动等。

二、庆典活动的工作重点

庆典活动要取得引人瞩目的公关效应，需要精心准备、隆重举行，同时，为了使辛苦前来祝贺的宾客不枉此行，最好不要让庆典活动变成一系列头面人物的发言讲座，而应多设计一些丰富多彩的参与性活动，使参加者和旁观者都兴致盎然，使整个庆典活动真正变成友谊的盛会、欢乐的盛会。为此，举办方应着力做好以下方面的工作。

（一）组委会的成立和分工

为确保庆典活动举办工作的顺利进行，应成立庆典活动举办组委会，设总指挥一名，并根据不同分工设立几个小组，每组设组长一名，建议设立以下四个小组。

1. 文案组

（1）负责庆典活动工作方案的策划与文案写作。

（2）负责活动大型背景图的设计。

（3）负责庆典活动前后文件材料、领导讲话、邀请函的起草和成文等。

（4）做好组织内外的形象宣传，拟写宣传用语、制作宣传栏和宣传条幅等。

（5）现场来宾桌签、餐签等的制作和领导临时交办的其他事务。

2. 外联组

（1）负责各种文艺节目的准备和演艺人员的邀请。

（2）按拟邀请单位、领导名单，安排适宜的邀请方式和时机，并加以落实。

（3）负责会议场地、参加活动人员食宿地点的选择和预定。

（4）负责主要领导、来宾的食宿安排和日常陪同。

（5）负责纪念品的定制，以及地毯、桌椅、台布、花篮、鲜花、矿泉水、所需物品的采购和准备等。

3. 现场组

（1）负责庆典活动的准备和过程管理。

（2）负责来宾迎接、签到，以及礼品和礼金的登记与保管。

（3）向参加庆典活动的代表发放服务手册、纪念品。

（4）安排本组织的员工按指定位置统一着装并提前入场。

（5）负责现场工作人员的协调指挥、现场气氛的调节和现场意外情况的应急处理。

（6）负责照相、摄像等工作。

4. 后勤组

（1）做好庆典活动主席台搭建、会标安装、环境布置、会场座次、茶水等的安排。

（2）负责庆典活动现场车辆的引导、停放，以及秩序的维持、交通工具的调度和使用等。

（3）负责庆典活动现场的生活服务设施的安排布置，如来宾的休息场所、用水、用厕、清洁卫生等。

（4）负责庆典茶话会、联欢会、冷餐会、宴会及其他活动场所的布置等。

（5）做好安保工作，维护好现场秩序，注意防火、防盗、意外伤害等突发事件的发生。

（二）庆典活动前筹备和活动中实施的注意事项

1. 庆典活动时机、主题、规模应适宜

任何一个组织都有很多值得庆祝的日子和事件，但不可能都举办庆典活动，所以，选择什么样的事由、在什么样的情况下举办庆典活动就显得很重要，选择时应注意以下两点。

（1）所选主题、所庆祝的事由应能突出本组织的直接使命和行业特点。一般政治组织的庆典活动重在强调安定团结、盛世繁荣、爱国主义等主题；经济组织庆典活动则更突出诚信第一、服务社会、质量至上、科技兴企等主题。政治组织更倾向于选择整十年的周年纪念、一年一度的重大节日等进行庆祝，次数不多；经济组织则倾向于选择开业及周年、获奖、销售业绩破纪录、上市、扩张为大集团等体现其存在和成功经营的事由进行庆祝。根据事件的重要程度，庆典活动规模有大有小。庆典活动的举办应追求少而精，不要举办得太频繁，因为太频繁会耗费企业的人力、物力和财力，同时，次数多就难有新意，容易让公众产生厌倦，或产生小题大做之感。

庆典活动的主题一旦确定，就要尽量用语言将其提炼出来。主题语既要求短小有力，又要求形象鲜明、给人留下深刻的印象，以便以后的公关传播。

（2）根据组织的实力和公关需要，决定庆典活动的规模，最好不要太大或太小。太大则难以组织现有的人力、物力和财力，可能无法驾驭；太小则不容易形成声势，达不到公关目的。

2. 庆典活动的设计应立意深远、力求创新

庆典活动本身的仪式化色彩很浓，如果对活动不精心安排，不尽量在传统程式里加进新颖的内容，就难以取得良好的公关效果。

如果在庆典活动的议程中（如很多政治性的庆典活动）确实不方便安排丰富的节目活动，那么可以围绕庆典活动，另外安排一系列内容新颖、意义深远、趣味性强的活动，如开办讲坛，晚上放烟火，举办联欢会、文艺晚会、茶话会、书画作品展等，使整个庆典过程显得丰富多彩、引人入胜。

3. 精心确定邀请对象，正规地进行邀请

邀请对象应尽量全面。如果是经济组织举行庆典活动，则邀请的对象应包括以下几种。

（1）上级领导。他们的到来可以提升庆典活动的档次和可信度。

（2）本市政府工商、税务等直接管辖部门的负责人。邀请他们，便于今后在工作中取得他们的支持。

（3）现有的大客户和供应商。他们是企业主要的合作伙伴。

（4）潜在的、预期的未来客户。他们是企业不断发展的基础。

（5）行业协会和同行的老总。他们是获得来自本行业信息和经验的来源。

（6）重要媒体的记者。他们能帮助举办方将庆典活动的信息迅速传播出去。

（7）本组织的员工和他们的家属，尤其是那些为组织作出重要贡献的员工和具有较高声望的员工及其家属。

邀请一定要正式，如果是上级领导和主管部门，最好登门邀请；对于其他人员，如果条件允许，也最好当面奉上请柬；对于外地的邀请对象，则需在一两周前寄送邀请函，注意在时间上不要太早，也不要太晚，应保证对方收到后能有时间准备前来参加庆典活动。

4. 庆典活动举办前应注意造势，扩大公关效应

对庆典活动进行造势的途径有以下几种。

（1）利用新闻媒体进行造势。可以主动向新闻媒体发稿件，也可以通过举办信息发布会、记者招待酒会等形式，吸引记者对庆典活动筹办的情况加以报道。注意只向其透露庆典活动隆重、新颖，至于主要活动的具体安排是什么，可以保密，增加庆典活动的神秘性，也就提高了新闻价值。还可以主动在媒体上发布将要举办庆典活动的广告、邀请函等。

（2）在举行庆典活动前十来天，可以在一些人口密集的地方张贴举办庆典活动的宣传资料，以及其他组织表示庆贺的语气悬挂横幅、大气球等。在会议举行前一周，就可以在举办地点将大型充气拱门、彩旗、气球、其他组织的祝贺条幅、吉祥物等布置起来。在庆典活动的当天，更要将来宾送的花篮、匾额等有条不紊地陈列在公众能看得见的会场周围，竭力营造喜庆热烈的气氛。

（3）若聘请大型军乐队、锣鼓队、歌舞队等，可在庆典活动举行前一两周，在所在的市区进行彩排、演练，注意要穿上为庆典活动特制的衣服，或戴上特制的明显标识。

5. 精心设计或选择赠给来宾的礼品

庆典活动的宾客是带着贺礼前来的"奉献者"，举办方应通过赠送礼品的方式对其表示答谢。因此，所送的礼品就被赋予了代表组织、蕴含文化、象征友谊的"公关重器"，因而最好请人精心设计定制。如果条件不允许专门设计定制，也应按照以下条件，对礼品进行选购和包装。

（1）礼品应具有宣传性，可以是本单位引以为豪的产品。若是选购礼品，应再请专业包装商在礼品或其外包装上印上本组织的标志、广告用语、庆祝主题、联系方式等。

（2）礼品应具有荣誉性，应制作精良、富有文化内涵，如名人名言或名画的复制品、精美的工艺品等，能使见者惊喜、拥有者自豪。

（3）礼品应具有收藏性，如具有一定的纪念意义，使拥有者对其珍惜、重视。

（4）礼品应具有较好的实用价值，最好是拥有者能在公共场合展示或使用的，如用于挂在办公室的书画、办公用的笔、公文包、饮水杯等。拥有者将其携带到何处，就为赠送者免费宣传到了何处。

6. 现场庆典气氛的营造应与活动的主题和活动安排相协调

很多庆典活动的举办方有一个认识误区，认为庆祝的气氛越热烈越好。于是，在庆典活动举办之时，锣鼓队、秧歌队、舞狮队、模特队、歌舞队轮番上阵，钟鼓齐鸣、鞭炮震响、礼花纷飞，从声、光、电等各个方面对来宾进行"狂轰滥炸"。这些耗资惊人的气氛营造如果任何庆典活动都用，就完全失去了新奇性，而变成了噪声和空气污染。

同样是庆典活动，如酒楼、娱乐场所开业时，锣鼓和秧歌表演会引来围观公众的欢声笑语，颇具书卷气的高校校庆，用锣鼓和秧歌等民间、世俗色彩很强的欢快表演来营造气氛就会显得很滑稽，反而是齐唱校歌、放飞和平鸽和彩色气球等较为肃穆圣洁的形式更适宜。这说明，对营造气氛的方法的设计，一定要和本组织的特色和庆祝的事由相协调，才会取得好的效果。

（三）庆典活动的后续工作

庆典活动结束之后，还要继续做好以下工作。

（1）实际费用结算，准确核算实际支出，并与前期预算相对比，写出费用总结报告。

（2）庆典活动影响力调查，包括信息的收集、整理、反馈，为组织的公关工作提供信息反馈。

（3）及时整理并保存礼品和资料，包括方案设计、讲话稿、宣传画册、来宾留言、摄影图片、光盘、活动后的各种总结资料等。

（4）再次通过电话或信函的方式向来宾表示谢意。

（5）写出效果评估报告，工作差错率、来宾评价、媒体报道、社会反响、同行反应、员工意见等，并在此基础上进行公关效果与社会效益、潜在作用等的分析。

三、到场祝贺者应注意的事项

尽管到场祝贺者在庆典活动中的作用显得被动、次要一些，但既来之，则安之，如此众多的同行或相关行业的人员会聚，正是一个组织开展公关工作的好机会。对到场祝贺者来说，要想利用庆典活动扩大本组织的影响、树立本组织良好的公关形象，应做到以下内容。

（一）为举办方带去一份精心准备的贺礼

要想使举办方从众多的祝贺单位中对自己所在的组织留下深刻印象，并心中充满谢意，最重要的就是送上举办方想要的贺礼。很多道贺组织在这一环节却比较马虎，以为奉上一个万元红包就万事大吉了，而没想到利用精心准备的贺礼去进行公关。

贺礼其实不一定名贵，但应显得新颖别致，承载着本组织深情厚谊，同时应最大限度地帮助举办方扩大影响、树立公关形象。所以，一些精心设计、装裱的字画，可以放在会场外的大型祝贺条幅上，设法邀请著名演艺家表演节目，在有影响力的媒体上为举办方点歌、点电视剧、点电影等，都能体现祝贺方的用心，在竭力为举办方宣传的同时，顺便也宣传了自己，可谓"一石二鸟"。

（二）在庆典活动现场为营造热烈、喜庆的气氛出一份力

举办方精心组织庆典活动，一方面是为表达对自己所取得的成就、对新的起点的喜悦之情，并借此树立和维持良好的社会形象；另一方面也为参与的宾客创造了一个齐聚一堂、沟通交流的机会。所以，参与的宾客应予以珍惜，对举办方的各种安排予以肯定，并为举办方营造喜庆的努力积极回应、作出自己的贡献。这要求参与宾客应做到：

（1）不迟到、不早退，尽量参加活动的全过程，绝不讲不利于举办方形象的话，以表示对举办方辛苦安排的支持和尊重。

（2）在参与过程中，始终以饱满的热情、积极的态度投入其中，如对其他参与者的发言予以赞赏、热情鼓掌等。

（3）对举办方提出的适当的配合要求，只要力所能及，尽量认真执行；如果因自己能力有限，实在不得不婉拒某项要求时（如要求来宾表演跳舞，而实在跳不好），应诚恳地解释，并表示歉意。

（三）争取机会在庆典活动或其他庆祝活动中发表祝词

庆典活动的举办方想方设法扩大影响、树立良好形象，参与的组织也应将这个庆典活动作为扩大组织影响、树立组织形象的良好机会。而在公众面前"露脸"的最好机会，就是在庆典活动和相关的主要活动中上台发表祝词，这样既可以加深与举办方的感情，又可以含蓄地宣传自己的组织，提高自己组织的知名度。

（四）在参与者中多收发名片，结交与自己有业务往来的朋友

参与的宾客还可以在庆典活动举行的整个期间，利用参加活动之机，多结识一些新朋友。一方面，应对所有客人都彬彬有礼；另一方面，应主动结识可能与本组织有业务往来的组织代表，主动与其交换名片。同时，还可约他们一起参加各种需要积极配合的庆典活动，在愉快的合作中为以后的工作联系打下基础。

（五）不喧宾夺主，摆正自己的位置，做受人欢迎的来宾

参与的宾客固然应以积极的姿态参与庆典活动，但切忌为了宣传本组织的形象而出尽风头、喧宾夺主。这样做，不仅举办方会非常厌恶，而且其他参与组织也会觉得这样的人不识时务，不尊重举办方，而对其避而远之。因为摆不正自己的位置，结果不但没有为本组织增光，反而有损本组织的形象。

任务二 模拟揭牌仪式

案例导入

小王按照领导的要求制定了初步的揭牌仪式日程，具体如下：

昌盛秘书事务所乔迁新址揭牌仪式日程

日期	时间	地点	事项
5月31日	9：00—18：00	华明酒店大厅	接站与报到
	18：00—20：00	华明酒店二楼宴会厅	欢迎晚宴
6月1日	9：00—9：20	昌盛秘书事务所新址一楼广场	1. 主持人介绍嘉宾 2. 商务局局长×××致辞 3. 董事长×××致辞
	9：20—9：30		揭牌仪式并合影
	9：30—11：30	昌盛秘书事务所办公区	参观
	11：30—12：30	华明酒店二楼宴会厅	自助午餐
	12：30—14：00	华明酒店	午休
	14：00—17：00	华明酒店三楼会议室	合作洽谈
	17：00—19：00	华明酒店二楼宴会厅	晚宴
	19：00—21：00	华明酒店二楼演出厅	晚会表演
6月2日	9：00—18：00	华明酒店大厅	送站

思考：

1. 上述揭牌仪式日程表中的安排是否合理，并说明理由。

2. 如何根据既定的策划方案完成揭牌仪式的落实。

学生自评表

序号	技能点/素质点	佐证	达标	未达标
1	掌握关键概念	能了解庆典活动的概念和特点		
2	方案撰写	能够了解庆典活动策划的工作重点，并撰写秘书事务所揭牌仪式的策划方案		
3	文书拟写	能够正确拟写揭牌仪式的邀请函和领导致辞稿		

序号	技能点 / 素质点	佐证	达标	未达标
4	沟通与交流	能够顺利与他人交流，完成模拟揭牌仪式的任务		
5	团队合作	能够进行有效的团队合作，并充分发挥成员各自的特点，互帮互助，共同完成任务		
6	资源整合能力	能够借助网络收集资料素材，了解优秀的活动策划方案撰写的要点		
7	应变能力	能够在揭牌仪式的模拟中及时处理各种突发事件		

教师评价表

序号	技能点 / 素质点	佐证	达标	未达标
1	掌握关键概念	能了解庆典活动的概念和特点		
2	方案撰写	能够了解庆典活动策划的工作重点，并撰写秘书事务所揭牌仪式的策划方案		
3	文书拟写	能够正确拟写揭牌仪式的邀请函和领导致辞稿		
4	沟通与交流	能够顺利与他人交流，完成模拟揭牌仪式的任务		
5	团队合作	能够进行有效的团队合作，并充分发挥成员各自的特点，互帮互助，共同完成任务		
6	资源整合能力	能够借助网络收集资料素材，了解优秀的活动策划方案撰写的要点		
7	应变能力	能够在揭牌仪式的模拟中及时处理各种突发事件		

项目一总结会

📶 实训任务

"项目一总结会"实训任务单

项目	一			子项目名称	项目一总结会	
实训课时	4	实训地点			指导教师	
实训学生						

实训目的	完成核心能力测试，分享项目工作的体验，汇总项目材料，评选优秀员工。
提交材料	总结会（2 000）：文件汇总并排版（1 000）、汇报PPT（含绩效统计等，1 000）。
事务所 实训反思	事务所工作分工如下： 工作过程中，比较困难的事情有： 改变这种困难的状态可以采取以下方法： 使我们项目的工作更加高效的做法：

实训任务：项目一总结会（2 000）

　　秘书事务所从组建到选址、招聘和揭牌仪式，已经完成了项目一初入职场的所有工作。现需要对这段时间的工作进行总结，请做好秘书事务所第一次总结会的汇报材料，并准备好相应的汇报PPT，在秘书事务所内进行口头汇报。

任务：

　　1.将本项目提交的所有材料的纸质版进行整理、电子版进行排版。

　　2.制作本项目的工作总结和汇报PPT。

　　3.计算本项目的绩效。

　　4.评选本项目最佳员工。

学生自评表

序号	技能点/素质点	佐证	达标	未达标
1	资料收集	能够收集秘书事务所从组建、招聘到揭牌仪式的相关材料，并做到完整齐全		
2	文书拟写	能够撰写项目一实训的工作总结		
3	沟通与交流	能够顺利与他人交流，完成项目一实训总结的各项任务		
4	团队合作	能够进行有效的团队合作，并充分发挥成员各自的特点，互帮互助，共同完成任务		
5	数字办公技术应用能力	能够运用办公软件制作项目一实训总结汇报PPT		
6	数据分析能力	能够计算和分析实训任务中各成员的绩效，并评选出最佳员工		
7	口头表达能力	能够现场汇报项目一实训总结，表达流畅、仪态大方		

教师评价表

序号	技能点 / 素质点	佐证	达标	未达标
1	资料收集	能够收集秘书事务所从组建、招聘到揭牌仪式的相关材料，并做到完整齐全		
2	文书拟写	能够撰写项目一实训的工作总结		
3	沟通与交流	能够顺利与他人交流，完成项目一实训总结的各项任务		
4	团队合作	能够进行有效的团队合作，并充分发挥成员各自的特点，互帮互助，共同完成任务		
5	数字办公技术应用能力	能够运用办公软件制作项目一实训总结汇报 PPT		
6	数据分析能力	能够计算和分析实训任务中各成员的绩效，并评选出最佳员工		
7	口头表达能力	能够现场汇报项目一实训总结，表达流畅，仪态大方		

项目二
履行职责——组织会议与活动

导读

会议与活动的组织既是秘书人员日常工作的重要内容，又是文秘工作服务性的直接体现。加强组织能力的训练，提升服务的品质，是保证会议与活动高质、高效完成的重要条件。会议与活动的组织过程涉及多个环节，从初步规划到结束后的总结反馈，每个环节都需要精心设计和有效执行。

知识目标

1. 了解会议与活动组织的知识和方法；

2. 熟悉并掌握会议与活动组织内容和方法；

3. 掌握会议与活动组织内容和方法；

4. 掌握会议与活动组织内容和实施。

能力目标

1. 能够完成中小型会议的策划方案；

2. 能够根据实际情况完成真实可操作的会议预算；

3. 能够完成会场选择和会场布置的方案；

4. 能够独立完成企业内部会议的准备工作；

5. 能够根据企业相关档案资料完成大型会议的策划方案；

6. 能够完成会议纪要、会议简报等文件的撰写。

素养目标

1. 具有团队合作精神，与团队成员共同完成任务；

2. 具有认真、细心、严谨、吃苦耐劳的工作态度；

3. 养成自主学习和思考的习惯。

学习导图

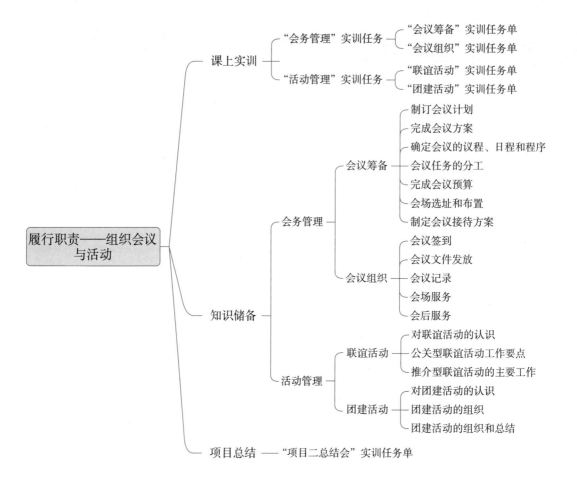

履行职责——组织会议与活动

- 课上实训
  - "会务管理"实训任务
    - "会议筹备"实训任务单
    - "会议组织"实训任务单
  - "活动管理"实训任务
    - "联谊活动"实训任务单
    - "团建活动"实训任务单
- 知识储备
  - 会务管理
    - 会议筹备
      - 制订会议计划
      - 完成会议方案
      - 确定会议的议程、日程和程序
      - 会议任务的分工
      - 完成会议预算
      - 会场选址和布置
      - 制定会议接待方案
    - 会议组织
      - 会议签到
      - 会议文件发放
      - 会议记录
      - 会场服务
      - 会后服务
  - 活动管理
    - 联谊活动
      - 对联谊活动的认识
      - 公关型联谊活动工作要点
      - 推介型联谊活动的主要工作
    - 团建活动
      - 对团建活动的认识
      - 团建活动的组织
      - 团建活动的组织和总结
- 项目总结 —— "项目二总结会"实训任务单

子项目一 会务管理

任务一 会议筹备

📶案例导入

　　一天，你把一份外单位的来文送到李主任的办公室，正好李主任不在办公室，这时办公桌上的电话响了，你随手接起电话。

　　"李主任，你给我马上起草一份会议通知。"电话那一头是分管研发的周副总的声音。

　　"不好意思，李主任现在暂时不在办公室，我是她的秘书，有什么可以帮您的吗？"

　　"后天上午公司要召开一个部门经理会议，讨论公司新的营销方案，要求各部门正副经理参加。各部门事先要做好相关准备，以多媒体的形式介绍本部门的创意和想法。会议很重要，会议相关信息要尽快在公司网络平台上发布出去。"

　　"好的，我马上去办。"你欣然接受任务。

　　听周副总的口气比较紧急，你立即把会议时间安排在后天上午8点半，地点在公司小会议室，并很快在公司网络办公平台上发出了通知。

　　没想到不过5分钟，周副总怒气冲冲地走进办公室，对着你大发脾气："你这是干的什么事，安排时间、地点为什么不征求我的意见？为什么自己就把通知发了？公司小会议室能坐得下二三十人吗？你难道不知道小会议室没有投影设备吗？赶紧把通知给撤了！"

　　你一下子蒙了，不是周副总让你安排会议的吗？你还是第一次被领导这么骂，你一边伤心地抹着眼泪，一边从网络办公平台上撤掉了那份通知，从记录上看已经有5个人看过通知了。

过一会儿李主任回到办公室，她已经从周副总那里知道了情况，她把泪水还没干的你带到办公室，告诉你："安排一次会议可不是件简单的事情，会前有很多准备工作，要把会议的程序、议题、人员、场所及其他一些细节认真地进行安排，更重要的是通知写好后，一定要走发文处理程序，交给我看过后，再送领导审批，领导审批通过后，才能进行具体的准备工作。"

你回到办公桌前还有点沮丧，自己是怕周副总着急，想把事情快点办好，没想到还是挨批了。

思考：

1. 如何很好地完成中小型会议的策划方案？

2. 如何根据实际情况制定真实可操作的会议预算？

3. 如何根据会议的规模、档次、特点选择合适的会场，完成会场布置？

📶 实训任务

"会议筹备"实训任务单

项目	二		任务名称	会议筹备	
实训课时	4	实训地点		指导教师	
实训学生					
实训目的	能与他人合作完成小型会议的筹备工作。				
提交材料	会议筹备（5 000）：会议筹备方案（2 500）、材料准备清单（2 500）。				
事务所 实训反思	事务所工作分工如下： 在工作过程中，比较困难的事情有： 改变这种困难的状态可以采取以下方法： 使我们项目的工作更加高效的做法：				

实训任务： 会议筹备（5 000）

学校为提高专业办学影响力，促进专业建设发展，提升学校的知名度，增进与全国高校间的沟通交流，助力专业教师团队建设，锻炼学生会务实际操作能力，计划牵头承办"现代文秘专业职业教育学会成立大会暨现代文秘专业建设论坛"，会议的议题主要包括：

1. 人工智能背景下现代文秘专业的发展思路。

2. 高水平文秘专业群的组群逻辑与实施。

3. 文秘类专业 1+X 证书的开发与实践。

4. "新媒体写作与编辑"课堂教学实施与实践。

5. 现代文秘专业精品课程的建设与实践。

本次会议计划由秘书事务所协办，秘书事务所接到工作任务后，立即着手筹备此次会议。

任务：

1. 拟写一份会议方案（含附件）。

2. 根据会议内容，拟写会议通知。

一、制订会议计划

会议计划是会议的总体构思和基本程序，是会议顺利进行和取得实效的保证。会议计划的内容涉及会议主题、内容、方式、程序、经费、成效等方面，这些内容逐一安排妥当将为会议的顺利召开奠定良好的基础。

会议计划一般由负责筹备会议的主要领导人提出基本思路和整体方案，由秘书人员具体落实并形成文字。秘书人员制订会议计划时应该尽量考虑周密，要考虑会议各环节可能出现的各种情况，并准备好相应的应对方案。

会议计划还应该包括会议准备过程的时间安排，要对会议准备工作的每一个步骤和程序设定开始和完成的时间，限定期限进行会议的准备工作，才能按部就班有计划地进行。

会议计划确定后也可以把会议准备工作的进程编制成甘特表。甘特表是在 20 世纪初由亨利·甘特开发的，它基本上是一种线条图，用横轴表示时间，纵轴表示要安排的活动，线条表示在整个期间计划的和实际的活动完成情况。甘特表能够直观地表明任务计划在什么时候进行，以及实际进展与计划要求的对比。甘特表的优点是简单、明了、直观，易于编制，因此到目前为止仍然是小型项目中常用的工具。即使在大型工程项目中，甘特表也是高级管理层了解全局、基层安排进度时有用的工具，可以让人一目了然。甘特表实例见表 2-1。

表 2-1　会议筹备工作进度甘特表

内容	第 13 周		第 14 周		第 15 周		第 16 周		第 17 周		第 18 周	
	周二	周四	周二	周四	周二	周四	周二	周四	周二	周四	周二	周四
制订计划	■											
成立筹备组	▨	▨										
联系代表		■	■									
联系会场		▨	▨									
会场设计			■									
准备文件				▨								

内容	第13周		第14周		第15周		第16周		第17周		第18周	
	周二	周四	周二	周四	周二	周四	周二	周四	周二	周四	周二	周四
材料印制					■	■						
会场布置							▨					
迎接代表								■				
会议召开									▨	▨		
善后工作											■	■

二、完成会议方案

会议方案是会议计划的具体体现，其中应完整地提出会议基本构想和各项准备工作的情况，一些大中型会议的方案还需要上报有关领导部门审查批准。

（一）会议方案的内容

（1）会议概述。会议概述主要介绍会议召开的缘由、任务、意义、作用和影响，重点说明会议召开的必要性和可行性。

（2）会议主题。会议主题是对会议内容的高度概括，能够让人对会议的目的、要点一目了然，从而留下深刻印象。

（3）会议形式。会议形式主要介绍会议召开、议事、形成决议的方式。

（4）会议日程安排。会议日程安排主要介绍会议召开的时间、流程及其他事项。

（5）会议经费来源及预算。会议经费来源及预算包括会议资金的筹措方式、金额，主要开支情况。

（6）会议的准备工作。会议的准备工作包括主办方、与会者会前应该做哪些方面的准备。

（7）其他需要说明的事项。

（二）会议方案的格式

1. 标题

会议方案的标题一般直接写明"××会议方案"或"××会议策划书"。

2. 正文

会议方案的正文一般分项写成，分别说明会议的名称、任务、意义、形式、日程安排、经费、准备工作等各方面情况。如果是报送上级领导审批的会议方案，结尾处还应写上"以上方案，是否可行，请批示"等结尾用语。

3. 落款或署名

会议方案最后要写明具体的策划部门或策划人员，并注明成文日期。

（三）会议方案的写作要求

（1）理由充分，意义明确。会议方案应该对会议召开的理由和意义作出充分的阐述，使人感觉到本次会议召开的必要性。

（2）条理清楚，计划周密。会议方案按照会议筹备的次序，分条款叙述，尽可能进行周密的计划，考虑到各种可能发生的情况，以及做好相应的应对预案。

（3）内容详细，要求具体。会议方案具体介绍会议的程序、内容、形式、要求时，一定要描述得清楚具体，不能模糊含混，否则会让人觉得会议计划不够清晰，策划不够到位。

三、确定会议的议程、日程和程序

会议方案通过以后，会议筹备工作应进一步明确会议的议程、日程和程序。会议的议程、日程和程序产生于会议之前，是对会议内容和时间的安排，但三者各有不同的作用。

（一）会议议程

会议议程是对会议顺序的总体安排，主要涉及会议所讨论的具体事项和需要解决的问题。会议议程不仅能够规范会议的内容，而且能够约束沟通的次序与沟通的节奏，起着固定会议次序的作用。在安排会议议程时，应遵守以下两个原则。

（1）按照议案的轻重缓急编排处理的先后次序，紧要的事项应排在会议议程的前端处理，不紧要的事项则应排在会议议程的后端处理。这样做的好处是，就算在预定的会议时间内无法将全部议案处理完毕，但起码较紧要的议案已被处理完成，那些较不紧要的议案则可以另择时间处理，或是并入下次会议再进行处理。

（2）每一个议案应预估所需的处理时间并明确地标示出来，这样做可以节省与会者的时间，提高会议效率。一般两个议案以上的会议议程要用书面的形式固定下来，以便更好地对会议进程进行控制。

（二）会议日程

会议日程是对会议每天活动的具体安排，也可以看作会议的时间表，应该具体列出每天每个时间段会议的详细内容，以此控制会议的进程。会议日程表一般会在会议之前发放到与会者手中，让他们根据会议的安排进行准备。会议日程不仅包括会议的主题活动，而且包括会议的各项辅助活动，如聚餐、游览、参观、娱乐等。凡是一天以上的会议都要制定会议日程，实例见表2-2。

表2-2　×××会议日程表

日期	时间	内容	地点	负责人	备注
×月×日星期×	8：00—11：00	开幕式 ××作报告	大礼堂	张平	
	14：00—18：00	分组讨论 ××作报告	小会议室	徐江	
	19：00—21：00	主席团开会 代表观看文艺演出	小会议室 ××剧院	徐江	
×月×日星期×	8：00—11：00	……	……	……	
	14：00—18：00	……	……	……	
	19：00—21：00	……	……	……	
×月×日星期×	8：00—11：00				
	14：00—18：00				
	19：00—21：00				

（三）会议程序

会议程序具体规定一次会议的详细步骤，它既可以让与会者了解会议的内容和讨论议题的顺序，也是会议主持人掌控会议进程的依据。会议应严格按照具体的程序和规定的时间一项一项地进行，实例见表2-3。

表2-3　×××会议程序表

×× 公司销售会议程序	
时间	内容
14：00—14：30	来宾签到
14：30—14：45	开幕致辞
14：45—15：25	网络安全解决方案培训 培训内容包括： 1.网络安全技术及全系列相关产品 2.基于SSL VPN 的远程接入方案 3.行业安全成功应用方案
15：25—15：35	茶歇

××公司销售会议程序	
时间	内容
15: 35—16: 15	××企业移动解决方案培训 培训内容包括: 1.××移动终端与企业网互联 2.实现企业移动电子邮件
16: 15—16: 35	渠道策略与招募计划介绍
16: 35—16: 50	自由问答
16: 50—17: 00	抽奖活动
17: 30	结束

四、会议任务的分工

为了保证会议的顺利进行,必须对会务人员进行一定的分工,使会务人员既各负其责,又相互配合,共同完成会议的准备工作。小型会议一般只需要设立会务组,选派专人来进行会议的筹划、组织、安排、协调等工作;大中型会议,则要建立完善的会议组织机构,将各项工作任务细分到各小组,各小组在统一指挥下分工合作,共同承担会务工作。常见的会议组织机构包括以下八个部分。

(一)秘书组

秘书组负责会议文字工作及领导者在会议期间交办的各项任务。

(二)材料组

材料组负责会议材料的印制、发放、保管、回收,以及会后材料的汇集、归档工作。

(三)组织组

组织组负责会议代表的编组、签到、代表资料审查、会议协调、会议进程的控制等。

(四)技术组

技术组负责会议各种设备的安装、调试、维护等工作。

(五)宣传组

宣传组负责对外联络沟通、宣传报道,以及会议的摄影、录音、录像等工作。

(六)后勤组

后勤组负责会议期间的后勤保障,包括代表的食宿、交通、娱乐,各种生活用品的供应，各种票证的准备与制作，返程车票、船票或机票的预订等工作。

（七）保卫组

保卫组负责会议的安全保卫和保密工作。

（八）财务组

财务组负责会议经费的筹集、预算、资金管理、收支控制、会议决算等。

不同档次、不同规模的会议有不同的分组方法，但都要根据会务工作的内容来进行分工。

五、完成会议预算

除单位内部的一些例会以外，组织会议会有一定的开支，事先做出会议预算是保证会议顺利进行的重要环节。会议预算应本着节约、精简、实用、周到的原则，严禁铺张浪费、滥发钱物。

（一）会议开支的项目

1. 交通费用

交通费用包括从出发地至会议地的交通费用、会议期间的交通费用，以及送行返程的交通费用。

从出发地至会议地的交通费用包括乘坐飞机、火车、汽车、轮船等的费用，以及目的地机场、车站、码头至住宿地的交通费用。

会议期间的交通费用主要是会议召开地的交通费用，包括住宿地至会场、会场到餐饮地点、会场到商务交际场地、商务考察参观游览的交通费用等。

送行和返程的交通费用包括住宿地至机场、车站、码头的交通费用。

2. 会场费用

会场费用包括会场租金、会场设备的租赁费用、会场布置费用及其他支持费用。

（1）会场租金。使用会场需要支付会场租金，通常而言，会场租金已经包含了某些常用设施，如音响系统、桌椅、黑（白）板、油性笔、粉笔等的费用，但有一些非常规设施不在其中，如投影设备、临时性的装饰物、展览架等，如果需要，则要另算租金。

（2）会场设备的租赁费用。会场设备的租赁费用主要是租赁一些特殊设备，如投影仪、笔记本电脑、移动式同声翻译系统、会场展示系统、多媒体系统、摄录设备等的费用。这些会议设备由于品牌、产地及新旧不同，其租金可能有很大的差异。

（3）会场布置费用。一般的会议可能不需要进行专门的布置，但对于有特别布置要求的会场（如产品发布会、联谊活动、庆典活动等），则需要根据会议的主题进行专门的布置，由于布置的档次、内容、气氛各不相同，这笔费用一定要事先做出尽可能精确的预算。

（4）其他支持费用。其他支持费用包括广告、印刷、礼仪、秘书服务、运输、娱乐、媒体、公共关系等。

3. 住宿费用

住宿费用有些是完全价格，有些需要另外加收政府税金，还有些则可以通过各种渠道获得较好的折扣。根据会议情况，住宿费用可以选择全部由与会者自行承担、会议主办方承担一部分、会议主办方承担全部等几种形式。不管采用哪种形式，会前一定要告知与会者。

4. 餐饮费用

餐饮费用根据会议的档次、规模、目的的不同而有很大的区别。

早、中、晚三餐通常是自助餐的形式，也可以采取围桌式就餐，费用按人数计算即可。但是考虑到会议就餐的特殊性和原材料的准备，预计就餐人数不得与实际就餐人数相差15%。如果需要安排专门的宴会，则需要对菜单、程序、方式进行专门的设计，其费用也应根据档次、内容的不同而有所不同。

会场茶歇费用基本上是按人数计算的，计算时可以提出不同时段茶歇的食物、饮料组合，再加上一定比例的服务费。

5. 游览费用

在会议结束以后，会议主办方通常会安排与会者参加一些有特色的游览活动，费用根据游览的内容、人数、天数来定。会议主办方最好与当地旅行社取得联系，以便为与会者提供专业的服务。

6. 宣传交际费用

宣传交际费用包括会议主办方与新闻部门联系，进行现场录音、录像，以及与有关协作方交际的费用。

7. 各种耗材费用

各种耗材费用如使用纸张、文具、光盘、磁盘、磁带等的费用。

8. 会议纪念品

一些会议会为与会者准备纪念品，纪念品的选择要与会议主题相关，同时要体现当地的特点，纪念品费用一般不宜太高，但一定要有纪念意义。

9. 工作人员劳务费用

工作人员劳务费用是指参与会议组织和服务工作的人员相应的劳务报酬，一般根据会议的规模、级别、工作量，并参考当地的工资标准来确定具体数额。

10. 各种临时费用

各种临时费用如卫生勤杂、临时采购、临时司乘、打印复印、临时运输、临时道具、传真通信、快递服务、临时翻译、礼仪司仪等的费用。

会议预算的材料除向有关领导部门汇报以外，还应及时归档，以备会议过程中随时查阅及会后审计。有一些公开性的会议也可以通过吸引社会赞助的方式来筹集资金，但要注意不要过分地强调其经济目的，否则就会改变会议本身的性质。

（二）会议预算的格式

会议预算应包括以下五个部分。

1. 会议的基本信息

会议的基本信息包括会议的主题、起止时间、地点、参加人员、人数、要求等。

2. 会议的目的和意义

会议预算应该清楚、简要地写明会议的目的和意义，以便为会议预算提供充分的理由。

3. 会议的主要经费开支项目

会议预算要尽可能地列出会议的主要经费开支项目，重要项目不得遗漏，否则会给经费审批、会议运作带来很多麻烦。

4. 每个项目的经费

会议主办方在做会议预算之前要对有关的情况进行认真的调查和比较，经费要尽可能准确、实际。预算经费过高或过低都会直接影响会议工作的进行。

5. 备用金

会议预算不可能做到完全准确，可能会产生一些临时性的费用，因此，一定要准备一定数量的备用金。备用金的具体数量可以根据会议的规模、档次、人员来确定。

六、会场选址和布置

（一）会场的选择

1. 大小适中

会场的选择一定要大小适中。会场太大不仅会造成浪费，而且会让人觉得空旷、缺少气氛；会场太小，不仅拥挤，还会给人一种压抑的感觉。选择会场要根据会议的规模、档次、与会者的身份和数量，并结合会议内容来考虑。

2. 设施齐全

会场一定要有足够的设施，除桌椅以外，空调、音响、录像（音）设备、茶具、卫生设备也都是需要考虑的方面。为了保证交通便利，会场外要有一定面积的停车场。

3. 保密性好

由于很多会议都具有一定的机密性，这就要求会场要有较强的保密性，如隔音效果要比较好，不宜有太大的窗户，不宜设在人流量大的地点等。

4. 安全性强

会场的安全性包括政治安全和环境安全两个方面。政治安全，是指要防止出现危及领导者或与会者的人为因素。环境安全，是指会场无安全隐患，电器电路可靠，消防设施齐全，消防通道畅通。

5. 避开干扰

会场要尽量避开闹市区或噪声严重的工厂、集市、街道，要尽可能避免会议受外界的影响。一些重要会议还要注意避开新闻媒体的干扰。

6. 经济实用

会场要在保持会议效果的前提下，考虑经济实用的原则，要考虑租借费用是否超出成本、会场设施是否有必要。

7. 符合规定

会场的选择要与会议的规模、主题相符，不能过于豪华、奢侈，不得铺张浪费。

（二）会场布置

会场布置的重点是会议座次的排定，主要有以下四种方式。

1. 环绕式

所谓环绕式排位，就是不设立主席台，把座椅、沙发、茶几摆放在会场的四周，座次无明显主次，听任与会者入场后自由就座。这一安排座次的方式，在茶话会中最流行，且与茶话会的主题最相符。

2. 散座式

散座式排位常见于在室外举行的茶话会，座椅、沙发、茶几四处自由地组合，貌似散乱无序，甚至可以由与会者根据个人要求而随意安置，其目的就是要创造出一种轻松、舒适、惬意的会议环境。

3. 圆桌式

圆桌式排位是指在会场中摆放圆桌，请与会者在周围自由就座。圆桌式排位又分两种形式。一是当人数较少时，仅在会场中央安放一张大型的椭圆形会议桌，全体与会者在周围就座。二是当人数较多时，在会场中安放数张圆桌，请与会者自由组合，各自在圆桌周围就座。

4. 主席式

主席式排位是指在会场中主持人、主人和主宾被有意识地安排在一起就座。主席式排位要在会场中摆放一张主席台，按照常规，该主席台居于上座之处，如中央、前排、会标之下或是面对正门之处。

在举行正式会议时，通常应事先排定与会者，尤其是重要身份者的具体座次。越是重要的会议，其座次排定就越受到社会各界的关注。对于有关会场排座的礼仪规范，会务人员不但需要有所了解，而且必须认真遵守。在实际操办会议时，由于会议的具体规模会有所不同，因此具体的座次排定也会存在一定的差异。

七、制定会议接待方案

会议接待方案是指安排参会人员的迎送、食宿、交通、游览、娱乐等接待活动及具体事务的方案。会议接待方案属于会议专题策划方案，既可以包含在会议总体方案中，又可以单独拟写，作为会议总体方案的附件。制定会议接待方案能够有效地保障会议接待工作有序地展开。

（一）接待对象

会议的接待对象种类众多，包括上级领导、政府官员、协办支持单位、特邀嘉宾、参会人员（正式和列席）及新闻媒体记者等，这些与会者有以政府代表团的名义来参会的，也有联合组团参会的，还有以个人身份参会的。因此，每一种会议接待方案一定要分门别类地写清楚具体的接待对象，同时，需简要说明为何接待，即接待的缘由、目的和意义。

（二）接待方针

接待方针即会议接待工作的总原则和指导思想。接待方针不是一成不变的，而是应当根据会议目标和会议主办方对接待工作的要求，以及主要参会对象的具体情况而定。一般情况下，会议接待工作应本着"热情诚恳、细致周到、照章办事、讲究礼仪"十六字方针来展开。

（三）接待规格

接待规格是依据主要来宾的职位与主要陪同人员的职位之间的对比关系来确定的，分为高规格接待、对等接待和低规格接待三种。

（四）接待内容和接待程序

接待内容包括接站、食宿安排、欢迎仪式、宴请、探望、翻译服务、参观游览、联欢娱乐、预订票务、返程送别等。具体的会议接待流程见表2-4。

表2-4　会议接待流程

工作顺序	内容	责任部门
第一步： 准备工作	了解参会人员的基本情况（姓名、性别、单位、职务/职称、民族、所乘车次或航班、到达时间、联系电话等）	接待组
	拟定接待方案（包括确定接待规格与标准、拟订用车、食宿、接待人员等）	会务组
	报审方案（经会务组审核，报与会议主办方最高主管领导审批后，落实接待方案等）	会务组
	下单（与后勤组落实用车、就餐、住宿等事宜；与宣传组落实欢迎词或电子屏幕的欢迎字幕，制作及摆放路牌、路标，照相录像及联系新闻媒体等事宜；与秘书组落实欢迎词、祝酒词等接待文稿的撰写等）	会务组 后勤组 宣传组 秘书组
	预告（预告参与接待的领导及有关人员，做好召开座谈会或陪同就餐等准备）	会务组
	根据事先与参会人员沟通的情况，为有需要的参会人员预订返程机票或车票	后勤组
第二步： 接待参会人员	接机或接站（制作好接站牌，到机场或车站迎接参会人员，并将接机或接站动态及时告知有关领导）	接待组
	报到（接到一定数量的参会人员后，分批返回会议指定地点，若无特殊情况，先引导参会人员报到）	接待组 报到组 财务组
	安排食宿（包括会议期间的日常餐饮与宴会）	后勤组
第三步： 参会人员返程	赠送参会人员纪念品（有必要时，提供具有会议主办方地域特色或本单位特色的纪念品，以起到宣传推广的作用）	宣传组
	送参会人员到机场或车站（将参会人员的具体离会时间告知有关领导）	后勤组 接待组
第四步： 善后工作	1. 报账 2. 保存参会人员有关资料 3. 保存接待安排有关资料 4. 年终统一整理，存档备查	财务组 秘书组

学生自评表

序号	技能点/素质点	佐证	达标	未达标
1	掌握关键概念	会议方案格式正确		
2	日程表	日程表符合实际，具有可操作性		
3	致辞	开幕词措辞恰当，符合领导身份		
4	会议预算	会议预算合理、内容全面		
5	会场布置	会场设计图有创意、有可行性		
6	会议通知	会议通知格式正确，内容完整		
7	会议材料	会议代表证美观大方，内容完整		
8	沟通与交流	能够顺利与他人交流，完成秘书事务所的组织分工，选出总经理、经理和员工		
9	团队合作	能够进行有效的团队合作，并充分发挥成员各自的特点，互帮互助，共同完成任务		

教师评价表

序号	技能点/素质点	佐证	达标	未达标
1	掌握关键概念	会议方案格式正确		
2	日程表	日程表符合实际，具有可操作性		
3	致辞	开幕词措辞恰当，符合领导身份		
4	会议预算	会议预算合理、内容全面		
5	会场布置	会场设计图有创意、有可行性		
6	会议通知	会议通知格式正确，内容完整		
7	会议材料	会议代表证美观大方，内容完整		
8	沟通与交流	能够顺利与他人交流，完成秘书事务所的组织分工，选出总经理、经理和员工		
9	团队合作	能够进行有效的团队合作，并充分发挥成员各自的特点，互帮互助，共同完成任务		

任务二　会议组织

案例导入

　　秘书小张陪同公司的行政总监到广州参加某颁奖及交流大会，会议通知上的会议时间是 5 月 31 日至 6 月 3 日，二人提前一天赶到广州，并到达会议指定的酒店，可发现并没有人接待。于是，他们打电话询问，承办方说："明天才报到，你们今天怎么就来了？"可会议通知中并未明确报到时间。无奈，他们只得自己登记住进了酒店。第二天，其他参会人员陆续到会，结果只有承办方的 3 名员工在前厅进行住宿登记，他们一人收会费，但只能开收据，说等领导来后再换正式发票；一人收住宿费，但酒店当时已没有空房间，要等到会务组负责人和酒店协商后解决；一人收餐费，但要早、中、晚餐分别计算，如果哪顿饭不在酒店用餐可以不交费。由于餐费计算过程烦琐，速度缓慢，舟车劳顿的参会人员迟迟订不到房间，没有地方休息和存放行李，所以争吵声不断，报到处一片混乱。直到当晚 9 点，所有参会人员才全部办理完入住手续。

　　第二天上午 8：30，会议准时开始。各位代表刚刚坐下，会务人员就过来通知，"这个会场由于设备故障，无法播放音频，我们需要换到另一个会场"。于是，大家又用 20 分钟时间换了会场。会议的最后，是主办方领导为优秀产品获奖单位颁发证书。结果当主持人分别宣读了获奖者和颁发者名单后，获奖者一起走上了主席台，导致场面一度非常混乱。

　　在返程中，秘书小张心里想："我原来以为这种大型会议一定很高大上呢，想不到他们把交流大会办成这样。不过，我可以把这次会议出现的问题列出来，作为今后工作的警示。"

思考：

1. 如何做好会议现场服务与管理？

2. 如何做好会议总结？

3. 如何做好会后相关安排？

📶 实训任务

"会议组织"实训任务单

项目	二		任务名称	会议组织	
实训课时	4	实训地点		指导教师	
实训学生					
实训目的	能与他人合作完成小型会议的组织工作。				
提交材料	会议组织（1500）：会场布置图（1000）、会后总结（500）。				
事务所 实训反思	事务所工作分工如下。 在工作过程中，比较困难的事情有： 改变这种困难的状态可以采取以下方法： 使我们项目的工作更加高效的做法：				
实训任务：会议组织（1500） 　　学校为提高专业办学影响力，促进专业建设发展，提升学校的知名度，增进与全国高校间的沟通交流，助力专业教师团队建设，锻炼学生会务实际操作能力，计划牵头承办"现代文秘专业职业教育学会成立大会暨现代文秘专业建设论坛"，会议的议题主要包括： 　　1. 人工智能背景下现代文秘专业的发展思路； 　　2. 高水平文秘专业群的组群逻辑与实施； 　　3. 文秘类专业 1+X 证书的开发与实践； 　　4. "新媒体写作与编辑"课堂教学实施与实践； 　　5. 现代文秘专业精品课程的建设与实践。 　　本次会议计划由秘书事务所协办，秘书事务所接到工作任务后，立即着手筹备此次会议。 任务： 　　1. 绘制会场主席台座次安排图。 　　2. 撰写会后总结。 　　3. 会议安排的图片和视频。					

一、会议签到

（一）组织会议签到

　　会议签到是为了及时、准确地统计到会人数，便于安排会议工作。有些会议只有达到一定的人数时才能召开，否则会议通过的决议无效，因此，会议签到是一项重要的会务工作。

（二）会议签到的方式

会议签到主要有簿式签到、证卡签到、会务人员代为签到、座次表签到、电脑签到等方式。簿式签到的优点在于利于保存、方便查找，缺点是这种签到方式只适合小型会议。证卡签到的优点在于方便，便于避免签到拥挤，缺点是不便于保存和查找，这种签到方式多用于大中型会议。会务人员代为签到比较简便易行，但要求会议工作人员必须认识绝大部分参会人员，所以这种签到方式只适用于小型会议和一些常规性会议。采用座次表签到，参会人员在签到时就知道了自己座位的排数和号码，能起到引导的效果。电脑签到快速、准确、简便，一些大型会议都是采用电脑签到。常用会议签到表见表2-5。

表 2-5　会议签到表

时间		地点	
主持人		记录人	
会议主题：			

序号	单位（部门）	姓名	职务	电话（手机）

（三）会议签到注意事项

1. 认真准备

会前会务人员要将签到的相关工具、设备准备好，如签到簿、签到卡、花名册、座次表和签到机等，且准备的数量要有一定的富余。除此之外，会务人员还需要准备记事本、签字笔等必备文具。

2. 有序组织

会务人员要事先安排好签到处，并提前在签到处等候。如果签到时需要同时发放会议文件，则应先将有关材料装袋备好，以免参会人员滞留等候，造成现场混乱。

3. 及时统计汇报

统计到会人数是一项细致的工作，领导往往会在开会前一两分钟向会务人员要到会人数、缺席人数及其名单，这就需要会务人员以最快的速度统计并且不能出现差错。

4. 耐心服务

大型会议的签到工作比较烦琐，这就需要会务人员耐心细致、热情服务，不能因为签到的人数众多而降低服务质量。对于持续时间较长的会议，与会者几乎每场会议、每次会议活动都要和负责签到的会务人员打交道，如果这些会务人员的服务耐心细致，办事高效有序，能为整个会议增色不少。

二、会议文件发放

会议文件发放是会议的一项基本工作，许多大型会议要发送的文件特别多，包括论文集、日程、参会须知、礼品和资料包等，这就要求会务人员了解发放会议文件的基本要求，及时、准确地把会议文件发放到与会者手中。会议文件发放主要有以下三种形式。

（一）会前发放

会前发放的文件材料可以在与会者注册、签到时发放，或者由会务人员在会场入口处发放给与会者，也可以在开会之前，按要求在每位与会者的座位上摆放一份文件材料。

（二）会中发放

会中发放的文件材料一般是会中讨论、交流产生的文件，或者是会前不便发放的机密文件。对于会中发放材料，会务组可以把工作人员分成小组，分别负责某种文件材料的发放和收回。

（三）凭票证自由领取

凭票证自由领取即在签到时发给与会者领取会议文件的票证，在整个会议期间与会者都可以凭票证随时领取他们的文件，这种方法比较普遍。一般来说，如果发放资料相同，则凭票证领取非常方便；如果发放资料不同，就要严格按会前准备的具有个性化的票证领取资料，票证上要印有与会者的姓名和编号。与会者领取资料后，要在票证上签字并将票证交给会务人员妥善保管，便于查询。

三、会议记录

会议记录是记录会议原始情况和具体内容的文字材料，是会后研究工作、总结经验或编写会议纪要的重要依据，具有原始性和客观性。重要会议都需要记录，并要妥善保管会议记录以备查考。在一些法定会议中，会议记录经发言者和会议领导人签字后，具有法律效力。

（一）会议记录的要求

1. 如实记录

会议记录应如实记录会议的议题、报告、决议、重要发言等，尤其是关键问题或有分歧的意见。会议记录要用速记的方法记录材料，会后应及时转化成规范的文字材料以备查考。

2. 归纳总结

会议记录应及时归纳总结，做到有条理、重点突出。会务人员只有善于归纳和总结，才能更好地记录会议信息。

3. 内容完整

会议记录的内容要做到完整，应包括"标题""议题""散会""结束"等字样。如果是重要会议，记录完毕后负责记录的会务人员和主持人要签字。需要注意的是，会议记录应使用专用记事笔和记录纸，必要时应配备两名负责记录的会务人员。

（二）会议记录的基本结构

会议记录一般由标题、基本情况、主体、记录者和主持人签字四部分组成。

1. 标题

会议记录的标题比较简单，其结构是"会议名称＋记录"，如"××公司××××年××月××日第×次部门经理例会记录"。

2. 基本情况

基本情况即会议记录的开头部分，要分项完整地记录会议的有关情况，包括会议的时间、地点、主持人、出席者、缺席者、列席者、记录者七要素。

3. 主体

主体是会议记录的核心内容，包括议题记录和发言记录。议题记录要求会务人员在开会之前要有所了解，以便会前记录。发言记录要求详细，其方式可以用文字记录和配备录音设备记录两种，记录的内容主要包括主持人的引导语、领导的报告、参会人员的发言、会议结语，及现场情况等。

4. 记录者和主持人签字

会议记录完成后，记录者和主持人要分别在落款处签名，交相关负责人审阅后才可以归档保存。

案例

××股份有限公司董事会例会记录

会议时间：2019年4月14日上午10：00

会议地点：深圳××大厦本公司总部会议室

会议主持人：高××（董事长）

出席人员：高××（董事长）、刘××（副董事长）、马××（财务主管）、安××（董事）、郭××（董事）、代理投票人有王××（董事）、李××（董事）、钱××（董事）

缺席人员：无

会议记录：白××（秘书）

1. 秘书白××宣读了2019年3月10日会议纪要，并在宣读后获得通过。

2. 财务马××主管提出的一份财务报告显示，2019年3月31日公司的流动资金余额为2 576.98万元。财务马××主管的报告在宣读后获得通过。

3. 关于参加公益活动的报告。主管公司企划部的副总经理郭××董事报告说，公司策划的下一个项目是为深圳红树林保护项目捐款10万元人民币，这项公益活动将有助于提高公司的知名度。计划在"五一"期间举行捐款仪式，向深圳有关部门捐款。关于此事全部细节情况的材料将于2019年4月21日寄发给所有成员。

4. 其他活动。安××董事提出在2019年5月14日举行的下一次董事会例会上，公司董事会应任命一人负责公司职工艺术节（将于2019年8月初举行），同时董事会还应在下次会议上为职工艺术节确定一个主题。该建议得到了郭××董事的附议并获得一致通过。

会议于上午11：50结束。

记录人：白××（签字）

主持人：高××（签字）

问题：

1. 案例中会议记录的格式是否正确？

2. 会议记录的语言风格具有什么特点？

案例

会议纪要记什么？

快下班了，你开始整理今天的文件，并把明天几项工作需要的文件找出来。李总走进办公室，径直来到你的办公桌前。他把手中的资料"啪"地一声摔在你面前。"这是你写的会议纪要？"他看了看周围，压低声音，"把我标红线的部分重新写过！"说罢，他转身离开了。

你翻开会议纪要，发现原来自己在写的时候把会议记录中的很多内容照搬过来了，几位老总讨论广告部经理人选的话原封不动地都写在上面。

这时行政总监走过来问："出什么事了？"你委屈地把会议纪要递给她。总监看过这份纪要也不由得吸了一口冷气，昨天他正好外出办事，就让你去做会议记录，写好后的会议纪要也没有时间过问，想不到就出问题了。

"会议纪要是根据会议记录和会议文件等材料加工整理而成的，是概括反映会议基本情况和精神的，是对会议的重要内容、决定事项的整理综合、摘要、提高。这份会议纪要相当于董事会讨论的近期工作要点，要下发给各部门。会议纪要不是会议记录，不能把会议上的所有事情，特别是领导讨论过程中的一些发言都写进去。你看最近公司广告部负责人的事一直没定下来，你把几位领导的发言内容都放在会议纪要里了，这一旦发下去会给公司带来多大的麻烦。还有就是年终奖金的方案，现在只是一个提议，还没有确定下来，你居然也写进去了。这要让员工知道了，会让公司领导非常被动的。"总监的口气也很严肃。

这个时候，你才意识到问题的严重性，赶快打开电脑，在电脑桌面上找到会议纪要的原稿。

总监又说："这么重要的文件，你就放在电脑桌面？如果有人临时借用你的电脑怎么办？"

你马上在 E 盘建了一个名为"董事会会议文件"的文件夹，把会议纪要移了过去。下班时间已经过了，你还坐在电脑前，告诉自己一定要在今天把会议纪要改好。

问题：

1. 会议纪要的结构包括哪些？

2. 会议记录和会议纪要有哪些区别？

四、会场服务

（一）摄影、摄像服务

会议不仅要留有文字性记录材料，而且需要留有图片、声像材料，以备存档、留念，这就需要会议主办方提供摄影、摄像服务。

（二）速记服务

计算机速记是使用计算机对语言、文字等中文信息实时速记并生成电子文本的速记方法。与传统的记录方式相比，计算机速记具有速度快、效率高、强度低等特点。现今也可以使用讯飞等软件进行同声速录。

（三）外语翻译服务

随着国际化程度的提高，国际会议的召开越来越频繁，对翻译人员的要求也越来越高。会议主办方要注意选择外语水平高、专业能力强、服务意识好的翻译人员，同时要让翻译人员事先熟悉会议的相关内容和要求，为会议的同声传译做好充分的准备。

（四）视听设备及其他硬件服务

会议的视听设备既可以是科技含量低的支架或配套挂图，也可以是诸如双投影屏幕这样的科技含量高的装置。随着计算机多媒体技术和数字化技术的发展，多媒体会议系统应运而生。多媒体会议系统能够在大屏幕上显示计算机的图文信息和录像资料，以及需要讨论演示的书籍、图纸、胶片、实物（通过视频演示仪）和电话会议图像、发言人图像、会议场景等。其所传播的信息来源不只局限于会场内，还包括互联网、远程电视电话系统、通信系统等。多媒体会议系统可以通过数字系统控制会议进程、通过表决系统收集与会者的反应、通过同声传译系统翻译等。

会场上，除了必备的视听设备，还应准备打印机、复印机、传真机、电话（国际会议的会场外应配备国际长途电话装置）、网络插口或无线网络路由器等。

五、会后服务

（一）参会人员离场

1. 引导与会者退场

大中型会议都需要会务人员引导与会者有秩序地退场。首先，会务人员应打开会议厅（会议室）的所有出口，避免离场时出现拥挤现象。其次，会务人员应该先引导主席台上或第一排的领导离开会场。如果会场有多余的退场通道，与会领导和其他人员可以各行其道，同时退场。

有些大型会议，如大型的学术报告会、大型的群众集会等，因为会场大、人数多，或会有妇女、儿童、老人参加，散会时很容易造成拥挤和混乱，容易发生安全事故。因此，会务人员一定要增强责任意识，加强离场引导工作，避免发生安全事故。某些领导人因身体状况等，有时无法先行离会，这时，会议主持人或会务人员就要打破陈规，安排其他人员先行离开。

2. 引导车辆驶离

大型会议的车辆较多，散会时，会务人员就要引导各类车辆安全地离开会议停车场。为了使会议车辆的离场工作简便易行，在会前会务人员应做好车辆泊位安排，尤其是对使用车辆或与会人员自驾车辆较多的会议（在当地开会多出现此种情况），更应该做好车辆安排工作，提前划分好停车区，如将停车区划分为大型车辆、领导专车、与会人员自驾车辆三个区域，做到车辆分区停放；将领导车辆专区放在容易出车的方位。离场时，让领导的专车先行离开，其他车辆再按顺序离开。

（二）离会服务工作

从与会者报到至与会者离开，会议的主办方要做好一条龙服务，哪一个环节不周到都会影响会议的质量，影响与会者对主办方的印象。有些会务主办方只注重会前准备和会中的服务，而忽略离会服务工作，会给人虎头蛇尾的感觉，因此，会务人员必须注意离会服务工作，尤其是有外地人员参加的大中型会议，做好大会的离会服务工作尤为重要。

温馨提示

离会服务工作的内容

1. 及时和与会者清理结算账目。

2. 提醒与会者归还借用的文件、物品，不要遗忘自己的物品。

3. 为与会者预订并提前发放飞机票、车票、船票。

4. 了解自驾车辆人员的返回日程、线路及车辆油耗等情况。

5. 安排送行车辆，将外地与会者送至机场、车站或港口。

6. 请示领导后，为与会者解决相关问题。

7. 安排好暂留与会者的住宿及膳食等工作。

（三）会场清理与会费结算

1. 会场清理

（1）清理会场用具。会场用具的清理有两种情况：如果会议是在本单位的会议室召开，会务人员只将会标、桌牌等针对本次会议的相关标志撤走，把会议室恢复原状即可。如果会议是租赁会议室和设备，清理工作就复杂许多。第一，还清借用、租用的设备，如果因特殊原因不能及时归还，应将其归库，并派专人保管。第二，撤走会场的临时性布置，包括会标、彩旗、绿植等。第三，清点会议用品、用具，能再次使用的要归库管理；对一次性用具进行销毁；将会场中搬动过的桌椅恢复原样，并将地面、门窗清扫或擦洗干净。第四，撤走会场外的会议标志，如通知牌、方向标等；通知配电人员切断会场不再使用的电源，并通知服务人员关闭会场。

（2）清理会议文件。在会议准备阶段，要将一些会议文件放置在与会者的桌子上，这些文件中，有些是让参会人员带走的，还有一些讨论稿、机密文稿等是要清退的。会务人员要及时清理收回相关文件，需要保存的文件保存好，需要销毁的文件按销毁制度进行销毁。

2. 会费结算

会费结算包括两项内容：一是会务人员和宾馆、酒店结算会议开支费用；二是会务组和单位财务部门的结算。

有外地与会者参加的大中型会议，一般需要租赁会场和设备。会议结束后，秘书人员应及时与会场出租方结清会议的各项费用，主要包括会议室租借费、设备使用费以及开会期间的其他相关费用。如果是由会议组织方承担全部费用的会议，会务人员要及时和宾馆、酒店结清住宿费，开具好发票，以便回单位进行财务结算。需要注意的是，住宿费不包括使用房间的长途电话、客房小酒吧、在酒店签单等费用。会议主办方所收取的费用一般也不包括这些额外费用。所以，会务人员可以事先要求宾馆、酒店撤掉这些服务项目或事先与与会人员交代清楚。

会议召开前，会务人员已经制定了会议经费预算。预算经领导审批后，会务人员就可以到财务部门预支会议经费。会议结束后，会务人员与财务人员应按照会议经费预算计划，进行会议开支的财务结算。前面会议预算部分已经讲过，一切会议都应该遵循勤俭节约原则，在保证会议正常进行的前提下精打细算，千方百计减少不必要的开支。所以，如果结算中超出了经费预算指标，要充分说明理由才能报销。否则，财务部门将不予报销。经费结算表经领导审核签字后，报财务部门结算。

（四）会议文件的清退、整理

1. 会议文件的清退

会议文件的清退是指会议结束后，对一些内部文件、机密文件、重要文件按照《文件清退单》或《文件清退目录》及时清理回收的工作。这就要求秘书人员在发放文件时要附上《文件清退单》，大型会议要附上《文件清退目录》，要求与会者在会议文件使用完毕后及时清退。一般来讲，机密文件要在会议结束前收回，不许与会者带出会场；其他的重要文件要在规定的时间内清退。秘书人员要做好文件清退的催办和回收工作，及时清退文件，以免泄密或耽误会议文件的整理立卷。

2. 会议文件的整理

（1）会议文字记录的整理。一些资深秘书人员具有丰富的经验，他们所做的会议记录大多不需要整理，可以直接送审、存档。但是一些经验不足的秘书人员的会议记录，只按原话照搬，或有漏记、错记现象，就需要会后进行修改和补充；如果是作为文件下发，或作为新闻报道用的领导人的报告、讲话，重要的与会者的报告、讲话，也需要进行专门的整理。

（2）会议录音的整理。整理会议录音工作，就是秘书人员根据所录语言的中心思想，删除不必要的语言，补充和修正不足、不恰当以及会议中没有录进去的内容，使整理稿成为中心明确、条理清晰、文字通顺且内容连贯的书面材料。整理会议录音，既要借鉴整理会议文字记录的方法技巧，又要结合录音的特点。

（3）印发会议纪要。日常工作会议之后，会务人员应该印发会议纪要和已决定办理事项的通知，以便相关部门参照执行，同时方便日后查找。

温馨提示

印发会议纪要工作程序

1. 整理、完善会议记录。

2. 起草、编写会议纪要。

3. 确定印发范围。

4. 接收者确认。

5. 领导签字。

6. 打印成文、印制分发。

7. 归档保存。

（4）发布会议消息，印发会议简报。大型会议信息的发布一般分阶段进行：会议召开初期，发布会议开幕及参加者的消息；会议过程中，发布领导人的讲话内容及会议决定事项消息；会后发布大会闭幕的消息。而一般小型会议，只在会后发布消息，报告会议的召开过程及主要内容。一些重要会议都要邀请新闻记者到场，此时，会议的消息是由新闻记者来发布的；当记者不到场或到场不及时时，有些新闻媒体要求会议组织者提供会议消息。当然，无论媒体是否到场，秘书人员都要在自己的内部网络上发布会议消息，并把重要的会议消息提供给相关新闻媒体进行报道。为报道会议情况，交流会议信息，大中型会议都要编发会议简报。所以，会议简报的编写、印发就成了秘书人员的一项重要任务。会议简报和其他类型的简报一样，也由报头、报核、报尾三部分组成。

案例

会议结束后

阳光公司安全生产工作会议于 2023 年 2 月在某酒店第二会议室举行。根据会议安排，代表们 2023 年 2 月 26 日报到，27 日开会，28 日离会。与会者共计 131 人。你在总监的带领下参与了会议的组织工作。2 月 27 日晚，你和会务组的同事一起，收拾了会场，返还了租用酒店的设备，和酒店结清了相关费用。

考虑到会务组人员从会务准备到会务服务都很辛苦，和酒店结完账，你跟其他几位同事到外面喝晚茶，放松一下。回到酒店已经是晚上 9：30。这时你才想起要通知各位代表到酒店的会务组房间取回预订的车票、机票。此时，第二天早晨返程的代表在焦急地等待取票；还有的代表是第一次来开会，就去特色景点或其他地方玩了；有的代表则借机去看望亲戚朋友。所以，等到午夜 12 点，代表们的车票、机票还没有发放完毕，一直等到代表们第二天早晨找上门来。代表们领了票，还不断地抱怨。

第二天下午，送走了代表们之后，你匆匆返回公司总部，开始整理会议文件。却发现清退回来的会议文件数目不对，少了两份。是哪位经理没将文件交回呢？你回忆不起来了。没办法，只好给参会人员一一打电话询问。

你原以为会议结束了，事情也就完了，没想到做秘书的还要忙好长一阵子呢。

问题：

1. 会议结束后的工作有哪些？

2. 如何在会后服务中提升参会者的参会体验？

（五）会议评估与总结

1. 会务工作评估

一次会议议程的结束并不意味着会议组织管理工作的结束，会议的评估总结也是会务管理的重要环节，它关系到会议组织者的会议管理水平能否不断提高。没有一个会议的组织是完美的，只有不断总结，才能不断提高。

会议评估是对会议从筹备到会议总结全过程的评估，因为会议的任何一个环节都关乎会议的成功与否。我们可以从以下三个阶段探讨会议效果的评估因素。

1）会前效果评估

对会前筹备情况的评估，应主要考虑以下因素。

（1）会议目标是否明确。

（2）会议议题的数量是否得当（是否太多或太少）。

（3）会议议程是否合理、完备。

（4）每一项议题的时间分配是否明确、合理。

（5）与会者人选、与会者人数是否得当。

（6）会议召开的时间、地点是否得当。

（7）会场指引标识是否明确。

（8）开会的通知时间是否得当。

（9）开会通知的内容是否周详。

（10）会议场地的选择是否得当。

（11）会议设备是否完备。

（12）与会者是否作了充分准备。

（13）与会者的会前情绪如何。

（14）会议的住宿、餐饮是否安排妥当。

2）会中效果评估

对会议进行中各环节的评估，应主要考虑以下因素。

（1）会议接待工作开展得如何。

（2）会议是否准时开始。

（3）会务人员是否准时到会。

（4）是否有秘书人员在做记录。

（5）会场自然环境如何，是否存在外界干扰。

（6）会场的人文环境如何，与会者之间是否有交头接耳的现象。

（7）主持人是否紧扣议题进行主持（是否离题）。

（8）会议是否由少数人垄断。

（9）与会者的发言及讨论是否紧扣议题（是否离题）。

（10）与会者是否有必要继续留在会场。

（11）与会者是否能表明真正的感受或意见。

（12）与会者之间是否有争论不休的现象。

（13）与会者是否与会议主席有争议，情况如何。

（14）视听设备是否正常（是否发生故障）。

（15）与会者是否热心于会议。

（16）会场气氛是否热烈。

（17）会议决策是否正确（是否符合实际，是否有偏颇之处）。

（18）会议议程是否按预定时间完成（会议是否按预定时间结束）。

（19）主持人是否总结会议的成果。

（20）会议的欢迎宴会、欢送宴会是否安排得当。

其他因素。

3）会后效果评估

会议议程结束后还有一系列工作要做，这些工作做得如何？也需要评估。会后效果评估主要考虑以下因素。

（1）会议记录是否整理好。

（2）是否印发会议纪要和会议简报。

（3）会议决议是否落实。

（4）是否对与会者的满意程度进行调查。

（5）对会议的成败得失是否进行总结。

（6）已完成任务的筹备小组是否解散。

（7）其他因素。

2. 会议评估的方法

1）调查问卷

调查问卷是对会议进行评估最常用的方法之一。问卷设计者把要评估的各方面问题列举出来，每个问题后面给出几个评价性的术语，评估者只要从中选择一个或几个打"√"，最后再写几句意见或评论。它对于会议评估者来说简单易行，只需花很少时间就能完成，因而广受欢迎。

调查问卷可以通过以下三种方式进行。

现场手工填写，即把调查问卷用纸印刷出来，在适当的时候发给与会者，请其现场手工填写。

现场电脑填写，即把设计好的调查问卷放置在电脑中，请与会者现场在电脑上填写，所有与会者填写完毕后，电脑即可统计出调查问卷中量化的部分。

会后电脑填写，即会议结束后，把调查问卷发到与会者的电子信箱里，请与会者在规定的日期内填写后发电子邮件回复给会议评估组织者，会议评估组织者收集后再进行处理。

若时间允许，调查要尽量放在会议现场进行。若无法在会议现场进行调查，或部分项目或部分与会者无法参与现场调查，可以安排会后再进行。

2）面谈

会议结束时，会议评估者可以邀请部分与会者集中面谈或分别面谈，征求他们对会议的意见和评价。这种方法只能对会议进行定性评估。

3）电话调查

会议结束后，会议评估者打电话给与会者，征求他们对会议的意见，并请他们对会议做出评估。这种方法也只能对会议进行定性评估。

4）现场观察

会议评估者在会议现场或在各个活动场所派人观察会议和各个活动的进行情况，并观察与会者和活动参与者的反应，从而做出对会议的评估。

5）述职报告

会议结束后，会议评估者要求每个会务人员对自己在整个会议过程中所做的工作做出述职报告。这种方法可以从一个侧面了解会议的情况，对会议进行评估。

以上方法结合使用，能使会议评估更全面、更具科学性。

3. 会议总结

对会议评估的过程也是对会议进行总结的过程，评估工作完毕之后，会议组织者要根据评估情况，写出会议总结报告，总结出会议的成败得失。

会议总结的目的是分析会议组织过程中的经验和教训，对一些工作出色的组织和个人进行表彰，总结的结果可以为今后的会务工作提供参考依据。会议总结主要考虑以下方面。

（1）会议的召开是否有必要，所提出的各项议案是否解决。

（2）会议的准备工作是否充分，设备物品是否齐全，配套设施是否周到。

（3）会议议程是否科学合理。

（4）会议组织工作是否完善，有无明显疏漏或失误。

（5）会议人数是否控制严格，有无超出预期规模。

（6）会议主持人的能力是否符合要求，是否达到预期效果。

（7）会议代表对会议的满意程度如何。

（8）会议决议在会后是否得到有效贯彻实施。

会议总结要以科学的绩效考评标准为指导，制定具体的量化指标，起到总结经验、激励下属、提高会务工作水平的作用。

学生自评表

序号	技能点/素质点	佐证	达标	未达标
1	会议签到表	签到表项目齐全，格式安排得当		
2	签到台的布置	签到台的布置符合会议规模及会议签到、分发资料的要求，人员分工合理		
3	组织签到	组织签到高效、有序，言谈举止符合礼仪规范		
4	会中安排	会议的程序安排得具体、合理，时间分配得当		
5	会议纪要	会议纪要格式和内容正确		
6	会后总结	会后总结科学、全面、合理		
7	沟通与交流	能够顺利与他人交流，完成秘书事务所的任务分工		
8	团队合作	能够进行有效的团队合作，并充分发挥成员各自的特点，互帮互助，共同完成任务		
9	创新能力	能够在秘书事务所的工作中融入创新意识，体现团队特色		

教师评价表

序号	技能点/素质点	佐证	达标	未达标
1	会议签到表	签到表项目齐全，格式安排得当		
2	签到台的布置	签到台的布置符合会议规模及会议签到、分发资料的要求，人员分工合理		
3	组织签到	组织签到高效、有序，言谈举止符合礼仪规范		
4	会中安排	会议的程序安排得具体、合理，时间分配得当		
5	会议纪要	会议纪要格式和内容正确		
6	会后总结	会后总结科学、全面、合理		
7	沟通与交流	能够顺利与他人交流，完成秘书事务所的任务分工		
8	团队合作	能够进行有效的团队合作，并充分发挥成员各自的特点，互帮互助，共同完成任务		
9	创新能力	能够在秘书事务所的工作中融入创新意识，体现团队特色		

子项目二　活动管理

任务一　联谊活动

案例导入

　　为了响应国家共建"一带一路"倡议，加强与同行的合作交流，拓展公司业务、研究和提升公司业务层次，同时发布阳光公司迪拜分公司即将成立的消息，总公司决定在2025年1月8—10日在广东深圳大梅沙喜来登酒店举行"2025年阳光集团新年客户联谊暨迪拜分公司成立发布会"，一方面答谢长期以来支持公司发展的有关部门、合作企业和各方客户，另一方面为迪拜分公司业务的开门红造势。参加会议的有各分公司业务主管人员、主要客户单位负责人、同行业代表、媒体和特邀嘉宾。计划参加会议人员共200多人。经公司董事会决定，由总公司行政部全面负责本次会议的组织与实施，并要求尽快拿出活动方案交与公司领导层讨论决定。

　　为了组织这次联谊活动，总公司行政部的秘书小王确定了以下几条基本思路：

　　1.为配合迪拜分公司成立的主题，将活动现场以阿拉伯的风格进行布置，增加阿拉丁神灯、阿拉伯飞毯等元素，让与会人员在活动中充分体验异域风情；

　　2.晚宴选择清真风味，每桌预备一只烤全羊；

　　3.所选定的节目表演既有中国特色，又能够被阿拉伯客人所接受；

　　4.提前给所有的现场工作人员进行涉外礼仪的培训，避免因一时疏忽造成误会。

思考：

1.掌握不同类型联谊活动的特点，并能够进行有针对性的准备。

2.有意识地收集一些能够活跃现场气氛的游戏、节目。

🔊 实训任务

"联谊活动"实训任务单

项目	二		任务名称	联谊活动	
实训课时	8	实训地点		指导教师	
实训学生					
实训目的	能组织人员准备集体节目并实施；完成联谊晚会筹备方案并实施。				
提交材料	1. "校园行"节目准备（2 500）：方案（1 500），视频、图片等（1 000）。 2. "校园行"活动组织（4 500）：联谊会筹备方案（2 000），节目单（含师生节目，1 000），主持人、参加人名单（500），材料清单（1 000）。				
事务所 实训反思	事务所工作分工如下： 在工作过程中，比较困难的事情有： 改变这种困难的状态可以采取以下方法： 使我们项目的工作更加高效的做法：				

实训任务：联谊活动（7 000）

广东省外语艺术职业学院文秘专业近年来开展广东省高职院校"校园行"活动，旨在促进高职文秘专业的共同发展。2024 年将"校园行"活动开展到河源职业技术学院文秘专业，广州、河源的文秘学子进行线上云交流，达到校际融合。为了展示河源职业技术学院文秘学子的风采，学校要求秘书事务所 2023 级所有学生在集体礼仪操、汉服展演、传统歌舞表演三个项目中任选其一进行排练，并要求全员参与，自由组队（不少于 7 人）。秘书事务所接到任务后，立即制定比赛方案，同步组织各个事务所开始排练，上传录制的视频，邀请教师作为评委进行视频网评。与此同时，学校也将举办两所学校的联谊会。

任务：

1. 制定表演比赛方案。

2. 收集各秘书事务所排练视频及视频花絮。

3. 两校联谊会的筹备方案。

4. 节目单（含师生节目）。

5. 主持人、参加人名单。

6. 材料清单。

一、对联谊活动的认识

联谊，顾名思义，即加强联系，增进友谊。联谊活动即一切旨在促进参会人之间的沟通和交流，使他们之间建立起融洽的感情，达到更深的了解，从而有利于日后的交往与合作的聚会。

不管是个人扩大人际交往范围的需要，还是组织内部协调员工关系、帮助员工之间配合默契、建立和谐企业文化的需要，还是相关组织之间为加强沟通、互助合作的需要，抑或组织和其外部公众之间相互沟通、树立形象、开展工作的需要，都可以通过举行联谊活动来实现。根据不同的分类标准，联谊活动可以有不同类型。

（一）根据联谊活动的正式程度分

（1）正式的联谊活动。一般为合法社会组织举办的，有明确的会议宗旨和正规的会议程序，且以严谨的形式邀请嘉宾，一般是有相关领导和嘉宾发表讲话的较大型联谊活动。

（2）非正式的联谊会。一般为个人或各种非正式组织、社团举办的，形式自由、松散的联谊活动。

（二）根据参加联谊活动的成员是否来自同一组织分

（1）组织内部成员参加的联谊活动。参加联谊活动的成员都在一个组织里工作，联谊活动中气氛比较自然、亲切，很容易营造出一种彼此认同、和谐的大家庭气氛。如很多组织在春节之前都会举行的"喜迎新春员工联谊活动"。

（2）邀请组织外部成员参加的联谊活动。办会组织举行联谊活动是为了与组织外部的成员加强联系，这些外部成员既可能是其他组织的代表，如政府招商部门主办的中外企业家联谊活动；也可能是不代表任何组织的个人，如一些企业邀请终端目标顾客参加的联谊活动。

（三）根据举办联谊活动的根本目的不同分

（1）公关型联谊活动。举行联谊活动的目的就是加强联系、融洽感情，以此树立自身乐于沟通、善于沟通的良好形象，从而更有利于日后开展工作。

（2）推介型联谊活动。举行联谊活动的表面理由是为了与联谊对象加强联系，其实是借联谊活动形成的融洽气氛来推介自己的产品或服务，以实现自己的营销目的。

二、公关型联谊活动工作要点

公关型联谊活动举办的目的就是沟通信息、联络感情，为日后工作的开展创造良好的条件，因此，联谊活动办会工作的一切努力在于营造一个让参会者放松身心、敞开心扉，乐于进行交流的氛围，同时，通过安排各种游戏和竞赛活动，让与会者积极参与其中，在互相协作与竞争中加深理解、建立友谊，以达到促进沟通的公关目的。

（一）组织内部成员参加的联谊活动

一个组织为其内部成员举办联谊活动主要有两种情况。一是在各种大的法定节日前夕，或对组织意义重大的日子里，为对员工表示慰问，同时为员工创造一个与其他部门同事进行交流的机会，由全体成员参加的联谊活动；二是主要由组织某一横向阶层管理人员参加的小型联谊活动，这些管理人员所在的部门在工作、业务上有紧密的横向联系，为了工作更加顺畅，需要这些管理人员之间进行深入沟通，并学会互相协作，形成具有较高凝聚力的管理团队，组织才会有较高的效率。此外，有时也为几个平时工作联系比较紧密的部门成员举办联谊活动，以增进彼此的友谊，加强协作。

1. 员工联谊活动的时间选择

组织内部成员参加的联谊活动，一般选择员工不需要工作的时间段举行。如果是全体员工联谊活动，最好不要选择周六周日，而是员工刚下班后的傍晚，或平时安排为集体开会的时间。对于很多对外营业的组织来说，很少有能把全体员工都凑到一起的合适时间段，那就将同样主题的联谊活动举行两次。如大型商场的员工新春联谊活动，就只能把参会员工分为两批，分别在不同的时间段举行。这时要注意，在同一时间段参加联谊活动的成员应安排为在工作中联系相对紧密、更需要加强交流的部门成员。

2. 员工联谊活动的地点选择

员工联谊活动的地点选择主要取决于参会人员人数多少，以及联谊活动预算的情况。如果是全体员工联谊活动，只要条件允许，最好选择离组织办公地点较近，且多数员工尚未去过的知名酒店或会所，能给员工以新鲜感、隆重感。如果是为横向部门管理人员举办的联谊活动，最好不要在办公地点举办，可以将联谊活动安排在周末，地点在近郊的假日酒店、休闲会所等。

3. 员工联谊活动的议程安排

全体员工的联谊活动一般占用的是员工的下班时间，不宜太长，两三个小时就可以了。因为参加人数比较多，为使员工们有较多的联谊机会，设计的联谊活动一般都耗时比较长，所以，安排在联谊活动前的领导致辞、员工代表发言、优秀员工表彰等，应力求务实、简洁，给员工们留尽量多的联谊时间。

横向部门管理人员联谊活动的会议议程可以丰富一些。既然将他们聚在一起的目的是希望他们加强沟通，很多组织干脆将联谊与培训合而为一，在联谊活动上安排一些知名专家，为这些管理人员讲解沟通的技巧、团队精神的建设等，同时，配合这些专题讲座，还会安排一些锻炼管理人员协作能力的丰富活动项目，因而议程可以比较长，有的甚至占用了整个周末时间。

4.对员工联谊活动的设计

为增进员工之间的交流、加深其友谊的活动可以有很多，但考虑到员工们素质存在差别，彼此熟悉程度差别也很大，如果安排较为复杂的游戏或竞赛等活动，一是有场地的限制；二是能参与的人有限，大部分员工只能旁观，效果未必理想；三是组织起来很繁杂，难度大，容易出现工作漏洞。所以，目前为全体员工举办的联谊活动，安排的活动项目大多比较简单，如请员工表演拿手的节目、参加抽奖、组织有奖竞猜等。

很多组织举办联谊活动已经形成了自己的惯例，如有的组织内多才多艺的员工很多，就比较倾向于将联谊活动办成文艺晚会；有的组织经济实力雄厚，且喜欢造势，常邀请演艺人员在员工联谊活动上献艺；大部分组织联谊活动的主体活动都被设计为茶话会、酒会、宴会等形式。

横向部门管理人员联谊活动的安排一般围绕如何加强他们的沟通、协作能力而设计，这些活动常会要求参与人员临时分为几个小组，以小组为单位进行竞赛游戏，优胜的小组有丰厚的奖品。这些游戏通常要求小组成员齐心协力、配合默契，才能取得好成绩，如把每个小组成员绑在一起，然后让几个小组进行竞走比赛；让几个小组比赛夹乒乓球，看哪个小组的成员用筷子夹起乒乓球并传递给同组成员的速度快、交接稳等，让参会成员在游戏的欢声笑语中深刻领会团结协作的技巧和重要性。

（二）邀请组织外部成员参加的联谊活动

举办组织内部成员参加的联谊活动，比较重视轻松、实惠，而邀请组织外部成员参加的联谊活动，则事关组织的形象问题，因此一般会非常慎重。在筹备之前，首先应对举办联谊活动的必要性和可行性进行分析，经过公关部论证，并经组织高层领导批准后，方可进入正式准备阶段。在举办邀请组织外部成员参加的联谊活动时，应重点做好以下工作。

1.对联谊活动基本结构的确定

联谊活动的基本结构包括联谊活动的主题或宗旨、联谊活动举办的时间地点、联谊活动的举办机构、联谊活动的会议议程等。

一个组织邀请外部成员参加自己举办的联谊活动，其主旨通常是为了答谢这些外部成员对自己以往工作的合作与支持，同时，希望在以后的工作中继续得到他们的合作与支持。

对举办时间与地点的确定应尽量考虑使被邀请者方便。如果被邀请者之间的工作时间和地点差异很大，就应本着时间不占用周末、地点在交通便捷的星级酒店或会所的原则进行安排。

联谊活动的举办机构主要分为主办机构和承办机构。主办机构可以是一个组织自己出面，也可以由其所在的协会或上级机构出面；主办机构可以自己承办会议，也可委托专门的会议公司承办。

邀请外部成员的联谊活动议程有一个重要特点，就是不仅要安排主办方的代表人员发言，而且被邀请的组织代表人员也会被安排发言。会议中的活动一般有节目表演、时间比较长的酒会或宴会等。

2. 对联谊活动参会者的邀请

一般来讲，因为是组织之间的联谊，所以主办方与会者通常为能够代表组织的高级管理人员和与被邀请的组织成员所在部门相对应的部门负责人等。有时候，为了体现联谊活动的隆重，还会请来本组织上级部门的重要领导人，以及主管本组织的政府部门、所在协会的主要负责人等贵宾参会。

对邀请的外部组织成员名单，应慎重决定，千万不可漏掉在过去的工作中对主办组织起过支持帮助作用的成员，如果这样的成员被冷落，以后需要与他合作时又该如何是好？所以，在寄出邀请函之前，一定要请与外部组织往来较多的本组织相关部门反复斟酌，由这些部门定下名单，再由公关部出面邀请。

如果联谊的对象很有名气，或者联谊活动的意义很重大，不妨利用其为主办组织的公关形象"增光添彩"，这需要邀请媒体对联谊活动进行报道。对媒体的邀请，应选择与本组织联系较为紧密或影响力较大者。

邀请一定要采取正规的方式，即寄发邀请函，寄发时间以收信人在联谊活动召开前3天左右收到为宜。对重要领导人员的邀请，只要条件允许，应尽量亲自登门，并向其反复表明邀请的诚意。

在联谊活动开始的前一天，应打电话再一次进行邀请，对他们能否前来进行确认，以方便活动时相关事宜的安排。

3. 对联谊活动气氛的营造

组织举办联谊活动有很强的塑造良好自我形象的目的，所以，在举办联谊活动的会场内外进行周密的场景布置就很重要，造成热烈气氛的横幅、条幅、气球、拱门、彩旗，只要允许用都可以用上。当然，会场内的背景板的设计在凸显热烈隆重的气氛之余，应注意与联谊活动的主题和本组织的视觉形象相协调。

在设计联谊活动时，最好在分析参会人身份与爱好的基础上，合理地安排活动，设计大家都喜欢的话题，同时注意安排的场景与活动自由度要大，要体现出联谊中以人为本的原则。

对联谊活动气氛营造至关重要的人物是主持人，加上联谊活动的轻松、娱乐色彩比较强，所以，只要条件允许，尽量邀请受欢迎的知名专业主持人，他们的妙语连珠和良好的应急能力会令参会者对本次联谊活动产生深刻印象。

📶 案例

××× 公司合作伙伴联谊活动策划方案

一、策划背景

1. 由于在 202× 年度的市场运作中取得了辉煌的成就，公司可借此机会真诚答谢所有合作伙伴、回报社会；同时，采用联谊活动形式，可以树立公司企业形象，宣传企业经营优势，构建一个畅通的客户关系沟通渠道，营造宽松、良好的交流氛围。

2. 每年岁末，各个企业都争相举办形式多样的春节联欢活动，但是在主题和形式上皆大同小异，缺乏创新。本公司的合作伙伴以及列席联谊活动的人员，可以用功成名就和风云人物来形容，他们对非专业歌舞晚会可能兴趣不大，而本次联谊活动在营造和谐交流的气氛之余，安排了慈善拍卖活动，具有一定创新性，能让他们觉得颇具意义，从而对本公司产生更加良好的印象，达到联谊活动的目的。

二、活动方式

1. 活动目的：塑造企业社会形象、巩固客户关系、增强内部员工凝聚力。

2. 活动主题：×× 公司 202× 年合作伙伴联谊暨慈善晚会。

3. 活动时间：202× 年 1 月 15 日 15：00—18：00。

4. 活动地点：外商俱乐部二楼中型会议厅。

5. 参加人员：公司领导、合作伙伴负责人、特邀嘉宾、企业员工总计 100 人。

三、活动内容

1. 开场阶段：（30 分钟）

董事长（总经理）致辞并介绍公司业务及业务开展情况；

业务负责人介绍双方合作情况；

主要客户介绍合作情况。

2. 表演阶段：（120 分钟）

主持人——当地电视台（电台）首席主持人；

节目表演：外聘杂技、魔术、小品、相声 8 个，歌舞 4 个（公司内部组织 2 个）；

节目评分：以来宾圆桌小组为评选单位，对每个节目进行评分；

奖品设置：最佳表演节目 2 个，最佳评委团队 1 个。

3. 拍卖阶段：（30 分钟）

前场铺垫：《爱的奉献》主题音乐、道具物品整理。

拍卖介绍：目的是捐赠希望工程的慈善义举；标的由公司免费提供，竞拍者出钱得物；竞胜者现场获得"荣誉捐赠证书"；新闻媒体相关报道。

拍卖活动：介绍拍卖规则、展开拍卖活动、预期成交额 15 000～20 000 元。

民政部门代表致答谢词。

4. 晚宴阶段：

公司领导致辞祝福；

宴会开席、发放纪念品；

活动结束。

四、前期准备

1. 内部组织：

文字类：公司简介、主持词、拍卖解说词、新闻发布稿。

物品类：标志、号牌、请柬、零食、奖品、纪念品。

人员类：节目表演人员、辅助服务人员、组织协调人员。

2. 外部联系：

活动场所：时间，地点，费用，音响灯光设备，会场布置，物料、人员准备。

节目准备：主持人，文艺表演人员的来源、条件、费用协调。

拍卖准备：拍卖师选择，"希望工程"项目的活动实施协商谈判。

新闻媒体：当地有影响力的两家报纸的记者。

五、费用预算

1. 物品费用：

基础费用：简介、请柬、标牌、横幅制作费 ×× 元，交通费 ×× 元。

礼品费用：纪念品 ×× 元，奖品 ×× 元。

拍卖标的：艺术品 ×× 元，日常用品 ×× 元。

茶水零食：×× 元。

2. 人员费用：

演出人员：12 个节目 ×× 元，主持人 ×× 元，拍卖师 ×× 元。

新闻媒体：记者 ×× 元。

希望工程：前期协调费用 ×× 元。

3. 晚餐费用：×× 元。

4. 费用合计：×× 元。

六、关键控制

1. "希望工程"拍卖项目的严肃性与细节把握。

2. 表演节目的质量水平和主持、拍卖人的艺术技巧。

3. 新闻媒体的新闻价值和内容报道的侧重点控制。

4. 出席嘉宾的节目互动参与性与现场气氛烘托调控。

问题：

1. 联谊类的活动策划与一般庆典类的活动策划有何不同？

2. 案例中的活动策划是否存在需要完善的部分？

三、推介型联谊活动的主要工作

推介型联谊活动也可以叫作客户联谊活动，接受联谊邀请的人大部分是企业已有的重要客户和正在争取的潜在客户。推介型联谊活动其实是产品或服务推销会的隐蔽形式，或者说是二者的结合体。由于它巧妙地利用了联谊活动营造和谐氛围、加强沟通交流、增进彼此感情的功能，以及人们在气氛融洽的情况下难以拒绝别人的特点，取得的营销效果往往比直接的推销会效果好很多。目前，越来越多的企业开始把举办推介型联谊活动作为其重要的营销手段之一。

（一）推介型联谊活动的会前准备工作

1. 推介型联谊活动具体目标的确定

一般来说，推介型联谊活动有以下目标：增加和老顾客的感情，提请他们为本公司产品进行口碑宣传；开发目标客户，包括增加新客户和旧有客户增加新业务；提升本公司产品品牌的形象和公司整体形象；提升销售额。在这几个目标中，究竟将哪些放在更重要的位置上，对指导联谊活动方案的策划意义重大。

2. 推介型联谊活动方案的策划

对于利用推介型联谊活动进行营销的企业来说，最大的困难就是在会议召开之前，如何隐藏会议的商业功能、功利色彩，强化会议的联谊功能、感情色彩，让应邀参会的客户没有很强的戒备心理，从而增加目标顾客参会的可能性和积极性。这就对会议的策划者提出了很高的要求。

推介型联谊活动吸引客户参加的主要策略是"先给后取"，即先分析自己的目标客户，在与自己所生产产品有关的领域，有哪些强烈的但通过购买产品本身无法实现的需求，然后利用本企业的实力，借助联谊活动这一平台，去帮助他们实现，在此基础上再向他们提出购买本企业相关产品的需求，就变得自然而然，让顾客乐于接受了。如一个户外旅游品经销商先通过为户外旅游爱好者提供户外旅游联谊的机会，在联谊活动中跟这些爱好者建立起感情后，自然不愁这些爱好者不成为自己的顾客。这时联谊活动策划的核心，不仅是如何办好联谊活动本身，更是对如何引导客户参加联谊活动的一系列活动的设计。

在设计联谊活动时要注意，不要试图安排本公司根本就不能驾驭或无法支付的活动，尽管你认为这个活动一定会让客户欣喜若狂。如对体育服装的经销商来说，在举办体育爱好者联谊活动时，能请来国际足球明星罗纳尔多是再好不过了，但问题是公司得思考，自己能请得到吗？就算人家愿意来，自己支付得起相关的费用吗？

活动一旦确定，就要坚定地安排下去，绝不可以出现发给客户的邀请函中说明有某项重要活动，而客户到场后却发现活动被取消的情况。

3. 成立联谊活动筹备小组，进行明确分工

联谊活动筹备小组需要一个总协调人或负责人，需要至少成立三个小组：一是外联组，负责分析、确定、邀请嘉宾、讲座专家、各类客户等；二是后勤组，负责场地的联系、布置，准备交通工具、食品、礼品等；三是礼仪组，负责在活动场地内外迎接和陪同客户等。

4. 活动场地的选择

既然是推介型的联谊活动，要想显示公司的实力和诚意，最好选取当地最知名的酒店、会所、文化宫等作会议场地，会场所在地应来往公交车多，且易直达，周围也没有本公司竞争对手的办公或营业地。还应注意的是，会场安排最好在一、二层，因为联谊活动来往的人较多，举行到一定阶段会气氛热烈，处于较高的楼层容易引起会场租赁方的不满，也不太安全。

5. 联谊客户的确定和邀请

可以根据公司建立的客户关系信息库和近三个月到六个月的销售情况，详细分析客户数量、客户结构、客户贡献等情况，最终形成邀请客户的数量、结构、邀约范围，并在此基础上逐渐确定目标参会者名单。如果希望来的人多一些，则可以向老客户多发几张邀请函，请他们帮忙邀请有兴趣的客户。在邀请客户时，应注意以下内容。

（1）邀请函最好由外联组及其临时聘请的人员亲自递送。因为安排的联谊活动较多，且有推介产品或服务的任务，推介型联谊活动一般不会是大型会议，对有限的参会人员亲自邀请，不会不现实。派人登门拜访，将邀请函亲手递送给客户，一是可以表现公司的诚意和自信；二是可以由派送人员当面介绍和推介会议内容以及主讲嘉宾等，大大增加客户参会的意愿；三是可以取得客户的最近联系方式，方便以后的询问推介。邀请函后面，可以附上公司

的成就和产品简介、本次联谊活动的主要活动简介等。

（2）递交邀请函的时间不宜太早，在会议召开前一周比较合适。

（3）邀约的客户最好在联谊活动中能有自己的交际圈。

联谊活动进行到一定阶段，熟悉的客人之间就会形成一个个话题圈，如果有些来的客户跟其他来宾不熟，就可能被冷落而不愉快。这种情况的解决之道是，在递送邀请函时将邀请名单给受邀人看，如果没有其熟悉的人，就建议其带一个朋友或家人来参会。

6. 各种宣传资料、活动奖品、纪念品等的准备

略。

7. 选定主持人

推介型联谊活动的主持人对联谊气氛的营造和产品的适时推销作用重大。如果选取本公司的人员，应事前进行严格训练，并派其到采用同类型营销方式的公司进行观摩学习，在联谊活动前还要进行反复彩排，才能放心使用。如果对外聘请主持人，则不一定是大众媒体的主持人，最好是有着丰富经销会议主持经验的主持人。

（二）客户联谊活动的现场工作

1. 联谊活动正式举行前的最后检查与协调工作

（1）对活动现场内外的环境布置、座次安排进行严密检查。

（2）全部工作人员统一着装，并对其礼仪行为进行检查。

（3）检查完毕后，召开活动前会议，对联谊活动举行的各项工作再一次进行布置和确认。

2. 对嘉宾和客户的迎接与引导

对前来签到的客户，凭其邀请函为其赠送事先准备好的纪念品、宣传资料等，并由礼仪小姐引导客人就座。

对前来的嘉宾，应有人专门陪同，并向其说明相关事宜。

3. 联谊活动现场的协调与控制

在联谊活动正式开始前，通过投影设备向客户播放本公司的历史发展纪录片、含蓄的产品广告片、形象宣传片，以及产品相关知识介绍等。

联谊活动开始后，活动现场气氛的调节由联谊活动总协调人和主持人配合默契地完成。其他工作人员不要随意走开，而是留在活动现场附近，如果发生突发事件，应及时赶来在总协调人的指示下救场。

应为联谊活动中的客户进行免费的拍照服务，并将联谊全过程录制下来，以后做成光碟

赠送给客户。

（三）推介型联谊活动的后期跟进工作和总结评估工作

很多时候，为了避免破坏联谊活动的气氛，公司没有在推介型联谊活动中大肆宣传产品，或进行露骨的现场营销宣传，而是让客户带着公司的友谊和温暖离开，会后再借送光碟、询问对联谊活动的意见等机会，向其推销产品，这即是推介型联谊活动的后期跟进工作。

除后期跟进以充分利用和巩固联谊活动的效果之外，公司还需对自身的办会工作进行全面总结，并结合最终的营销成果，对本次举办推介型联谊活动的工作和效果进行全面评估。

学生自评表

序号	技能点/素质点	佐证	达标	未达标
1	掌握关键概念	活动方案可行性强，内容完整		
2	视频拍摄步骤	活动彩排花絮和拍摄美观		
3	筹备方案撰写	筹备方案格式规范		
4	联谊活动特色	联谊活动特色鲜明		
5	资源整合能力	联谊主题符合活动特色，简明扼要		
6	信息收集能力	分享资料收集完整		
7	创新能力	分享方法有创意		
8	沟通与交流	能够顺利与他人交流，完成秘书事务所的任务分工		
9	团队合作	能够进行有效的团队合作，并充分发挥成员各自的特点，互帮互助，共同完成任务		

教师评价表

序号	技能点/素质点	佐证	达标	未达标
1	掌握关键概念	活动方案可行性强，内容完整		
2	视频拍摄步骤	活动彩排花絮和拍摄美观		
3	筹备方案撰写	筹备方案格式规范		
4	联谊活动特色	联谊活动特色鲜明		
5	资源整合能力	联谊主题符合活动特色，简明扼要		
6	信息收集能力	分享资料收集完整		

序号	技能点 / 素质点	佐证	达标	未达标
7	创新能力	分享方法有创意		
8	沟通与交流	能够顺利与他人交流，完成秘书事务所的组织分工		
9	团队合作	能够进行有效的团队合作，并充分发挥成员各自的特点，互帮互助，共同完成任务		

任务二　团建活动

案例导入

张勇：最好的团建方式，就是从胜利走向胜利

2023 年 5 月 10 日，阿里一年一度的亲友日。当天下午，102 对员工情侣鱼贯走进礼堂举行集体婚礼，这是阿里亲友日的保留节目，以往证婚人都是由马云担任，但那一次，马云在国外出差，为员工证婚的职责交给了 CEO 张勇。

和亲友日那天一样，站在舞台中央侃侃而谈的，是 CEO 张勇。当证婚人，他是新娘上轿第一次，双十一他已经办到第九个年头，销售额从 50 亿元扶摇直上到 1 682 亿元，张勇作为总指挥，喜怒依旧不形于色。他像往年一样，不说自己对销售额满不满意，也不透露明年的目标会是多少。金山银山堆出来、火星四溅打出来的双十一，在社会层面来说是消费者的节日、商业的大阅兵、商业的奥林匹克，在外界看来，阿里员工必定压力如山，但在张勇口中，双十一只是阿里内部的一次气氛融洽的团建。

"当你有一个非常具象的目标，不同领域的团队都要为这个共同的目标去努力，谁也不能掉链子，讲句土话，这是一根绳子上的蚂蚱，谁也跑不掉，必须环环相扣，都能成功，才能把这件事情办好了，这个时候凝聚力就油然而生。"阿里"铁军"强悍的战斗力，是在硝烟弥漫的实战中锻炼出来的，"最好的团建方式，就是从胜利走向胜利"。

思考：

1. 团建活动对于企业管理有什么重要的意义？

2. 如何开展企业的团建活动？

实训任务

"团建活动"实训任务单

项目	二		任务名称	团建活动	
实训课时	4	实训地点		指导教师	
实训学生					
实训目的	完成团建活动方案并实施。				
提交材料	团建活动方案（2 500）：团建活动计划表（1 000）、团建活动行程表（1 000）、团建活动预算（500）。				
事务所 实训反思	事务所工作分工如下： 在工作过程中，比较困难的事情有： 改变这种困难的状态可以采取以下方法： 使我们项目的工作更加高效的做法：				

实训任务：团建活动（2 500）

董事会为了充分发挥和调动团队所有成员的集体智慧，提升团队成员的凝聚力，为共同的目标一起努力、一起思考，集合团队成员间的优点，取长补短，快速将团队建设成为一个沟通有效、互相信任、专注解决问题和提高合作效率的团队，特别要求秘书事务所开展团队建设，但由于工作时间，限定为室内开展团建活动，要求秘书事务所总经理先提交团建活动主题，经董事长批准后开展团建活动。

任务：

1. 编制团建活动计划表。

2. 编制团建活动行程表。

3. 制定团建活动预算。

4. 开展团建活动。

团队建设（以下简称"团建"）是"team construction"的直译，是企业为了实现团队绩效和产出最大化而进行的一系列结构设计、人员激励等团队优化行为。通过形式多样的活动，如聚餐、唱歌、做拓展等让参与团建的员工在欢乐中得到体验和收获，提升员工间的凝聚力，增强情感交流，培养企业认同。通俗地说，团建就是快速使一群人成为一个沟通有效、互相信任、专注解决问题和提高合作效率的团队。

一、对团建活动的认识

（一）明确团队建设的意义

团队建设最大的意义就是能充分发挥和调动团队所有成员的集体智慧，提升团队成员的凝聚力，为共同的目标一起努力、一起思考，集合团队成员间的优点，取长补短，通过集体的努力来完成同一个目标，并做到几近完美。网上曾经做过一个调研，主要针对员工对公司举办团建活动的态度进行问卷调查，结果如图 2-1 所示。

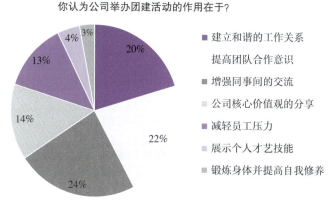

图 2-1　团建作用调研统计

第一，团队建设能明确团队的目标。通过明确的分工合作，提高团队共同面对问题时更好处理问题的能力，大家才能心往一处想，劲往一处使，锻炼团队为了共同的目标而相互配合，更好、更快地完成任务。

第二，团队建设能增进员工间的感情，建立和谐的工作关系。员工之间因为共同完成一个任务，多次共同面对一些难题后，同甘共苦能让队员之间相互了解、相互包容、相互信任和相互尊重，从而拉近员工之间的关系，迅速让一个团队凝聚在一起。

第三，团队建设能激励团队，提高团队合作意识。团队精神让队员之间认识到个体的差异性，可以让队员去相互学习对方身上的优点，努力地向更好的方向进步。当团队完成某项个人无法完成的任务时，又会反过来激励团队，增强团队凝聚力。

第四，团建能培育团队的文化精神，提高员工的自主能动性。团队成员对他们的群体具有认同感，他们把自己属于该群体的身份看作自我的一个重要方面。为了能使群体获得成功，他们愿意去做任何事情。高效的团队成员对团队表现出高度的忠诚。

（二）团队建设的目标

团队建设的目标来自公司的发展方向和团队成员的共同追求，它是全体成员奋斗的方向和动力，也是感召全体成员精诚合作的一面旗帜。团队建设如果能从凝聚力、沟通力、协作力和行动力四方面入手，遵循目标的 SMART 原则：S——明确性，M——可衡量性，A——可接受性，R——实际性，T——时限性，那么企业的团队建设将会优于同行，同时能打造出一支非常优秀的队伍，从而促进企业的不断发展，让企业能够在激烈的竞争中保持着非常强劲的竞争力。

1. 激励表扬，提高团队凝聚力

一个团队，是否有凝聚力，在于公司是否存在影响员工工作的心理因素，包括激励、权力和效率等。在团队中，团队负责人应当了解成员的需求和职业生涯设想，通过团建活动进行激励和表扬，让团队成员都能心情舒畅地工作，这样才能取得好的效果。采用目标激励、奖励激励、发展激励和参与激励等多种方法，让团队成员在充分参与中，满足个人的事业心，并完成自己的目标，进而完成公司的目标。

2. 有效交流，提升员工沟通能力

在团队中能否进行有效交流，关系到一个公司决策的质量，也关系到能否调动全体员工的工作积极性，关乎公司内部的和谐发展。团队建设活动，主要是以有效沟通为主要途径和工具，创造和提升团队精神和企业文化，构建良好的人际关系，维持团队良好的状态，保证团队正常运行，完成共同愿景；同时在团队建设中，可以采取讲故事、聊天、帮助员工制订发展计划、动员员工参与决策、口头表扬等方式，进行有效沟通。

3. 互补互助，提高团队协作力

协同合作是团队精神的核心。对于团队的队长来说，他需要有团队组织能力；对于队员来说，不仅要有个人能力，还要有沟通协作、解决问题等的多元化软实力。协作力就是发挥团队合作精神，互补互助，以共同发挥最大效率。团队的所有工作成效最终会在一个点上得到检验，团队的工作业绩超过成员个人的业绩，团队业绩大于各部分之和。通过一系列的团队建设活动，增强员工对团队和他人的信任感和熟悉度，培养团队协作精神，找到压力释放的方法，提高感知与总结表达能力，从而让员工更自信、更积极乐观地面对生活和工作。

4. 深化责任，提升员工行动力

行动力，就是一种通过准确理解组织意图、实施方案进而实现组织目标的能力，通俗地说，就是把事情做成功的能力。在公司，具有很强行动力的员工往往具有高度责任感，通过团队建设，建立行之有效的行动力培训体系，积极深化和提升员工的责任感，使得员工的工作意识、工作态度、工作能力上升到工作责任感，进而转换为工作的内部动力，促进工作行动力的提升。

（三）团建活动的种类

1. 体验式团建活动

体验式团建活动是指先参与某种活动，获得一定的体验后，再由培训师指导，通过团队成员的分享和交流，提供个人认识的活动方式。体验式团建活动对培养成员的团队精神、合作意识，改善人际关系，形成良好的组织氛围，改进内部交流都有很大的帮助。体验式团建活动类型很多，如军训、户外拓展训练、极限挑战、沙盘模拟、角色扮演等。不过体验式团建活动有一定的技能要求，一般需要专业培训师进行指导、控制，并进行最终的点评。

2. 趣味式团建活动

趣味式团建活动是把团建的目标融入一些娱乐性活动中，如郊游、表演、游戏、竞技、健身等。趣味式团建活动可以释放员工身心，增强自我认知，凝聚团队力量。在活动中，成员可以相互支持、相互帮助、相互欣赏，在娱乐中享受快乐，在快乐中融入团队。趣味式团建活动难度不大，简单易行，操作方便，气氛良好，组织时要注意符合成员的特点和兴趣，同时要有一定的创新。

3. 培训式团建活动

有人说培训是组织给员工最好的福利。培训不仅可以给员工带来最新的资讯、最前沿的知识，而且还可以扩展员工的视野，提升员工的士气，调整员工的心态，更重要的是可以强化员工团队认同感和归属感，是实现团队目标的好方式。培训式团建活动的类型可以直接是团队建设的培训（如团队沟通、团队合作、团队凝聚力等），也可以是员工工作方法和技巧的培训，还可以是员工素质提升的培训（如礼仪、形象设计、思想观念等）。

4. 家庭式团建活动

组织有家庭成员一同参与的团建活动是近几年大型企业很流行的一种团建活动。平衡家庭和工作往往是企业员工面临的两难问题，组织以家庭为单位的团建活动，可以提高企业对员工心理情绪的管理，满足员工在家人面前的成就感；同时，也可以提高家庭对员工工作的了解和理解程度，提高家庭成员对员工的关注度和支持度，为员工提供一个放松和释放压力的平台。家庭式团建活动的类型包括：组织家人参观企业，以家庭为单位的联欢活动、亲子活动，家属之间的联谊活动，婚姻讲座或培训等。

二、团建活动的组织

近年来，企业团建活动可以说是百花齐放，结合当下流行文化，融入年轻人喜欢的趣味运动，加入一些基础的对抗与合作，让参与团建的员工在欢乐中得到体验和收获，已经从简单的户外活动如徒步、野餐等拓展到很风靡的撕名牌、指压板、黑衣人等形式新颖的活动了。无论是哪种活动，都需要组织者精心策划，做好详细流程，配套一流服务。那具体怎么组织团建活动呢？

（一）完成团建活动方案

团建活动方案是团队建设的具体体现，其中应完整地提出团建活动基本构想和各项准备工作的情况，一些大型活动方案还需要上报有关公司领导审查批准。

1. 团建活动方案的内容

（1）团建活动目标。介绍团建活动的意义、目的、预期达成效果等。团建活动是为了提高团队凝聚力、执行力和成员配合度，形成和谐的人际关系，构建有效沟通的良好氛围，以期达成团队绩效，完成企业的目标。团队建设目标设置要有项目、衡量标准、达成措施、完成期限及资源要求。比如，某企业组织某个季度的团建活动，总目标是打造企业文化，具体分为三个子目标：①打造"家文化"，纯玩、放松、开心或重大业绩后的享受生活；②打造"团队文化"，为了实现团队业绩目标，提升团队凝聚力；③打造"家文化 + 团队文化"，既有亲情文化，又有团队激情文化。

（2）团建活动主题。团建活动主题是对团建活动的高度概括，是对所有参与者的期望，也是对团建活动主旨的体现。例如，某企业室内团建活动主题——敢于破冰，积极主动；团结奋进，开拓创新。

（3）团建活动形式。公司常组织的团建活动除去外地旅游以外，还有聚餐、室内游戏、户外训练等。室内游戏类的团建活动，如密室逃脱、真人 CS、撕名牌等，包含合作和对抗的特点，趣味性强，可以安排在新员工入职以后，这样可以让彼此之间迅速熟悉起来。公益类的团建活动，比如拍摄公益短片，做手工义卖，探望孤寡老人等，这类活动对于培养员工的价值观、展现企业文化有很大意义，也是最有价值的一类团队建设活动，但组织起来较困难，需要组织者多方面沟通。这类活动可以一年安排一次，形成稳定的活动方式，甚至变成企业的特定项目。

（4）团建活动安排。主要介绍活动时间、活动计划表、活动流程及行程安排。

（5）经费预算。包括活动资金的筹措方式、金额、主要开支等。企业如果安排专款组织团建活动，不同目标和主题的预算经费也不相同。预算应本着节约、实用、周到的原则，禁止以权谋私、铺张浪费。

（6）其他事项。包括准备物资材料、天气提示、常用药品等。

2. 团建活动方案的格式

根据各个公司的管理规定，可以选择 Word 稿，也可以选择 Excel 表格，总之要意义明确，条理清楚，计划周密，内容详细，考虑具体。

（二）筹备团建活动

1.成立筹备组

筹备组可以是临时的，也可以是长期的，根据公司情况和团建活动来调整。主要是做好服务工作，做到责任到人，特别是协调好时间、地点、方式等因素，充分调动员工的积极性，达到最好的团建效果。筹备组可以提前做出计划表，便于时间安排。

2.发布团建通知

根据团建活动的主题，通知参加人员，保证通知到位。可以通过公司内部 OA 发送，也可以建群保证联系。通知发布时，以附件形式发送活动方案和参加活动人员名单。

3.确定参加人员信息

确定参加人员后，可以详细填写联系表，便于后续开展活动。

4.确定物资材料清单

一般活动必备品包括药品类、资料类、食物类、娱乐类等。药品类可以包括感冒药、退烧药、肠胃炎、创可贴、藿香正气软胶囊等常备药品；资料类包括行程安排表、人员联系表、工作人员手册、签字笔、A4 纸张等；食物类包括水、零食、口香糖、代餐食物等；娱乐类包括音响、相机、录像机、狼人杀牌、象棋等。

5.确定交通食宿

根据团建活动方案，再次确定交通住宿安排，车辆是否及时到位，住宿和餐饮场地是否发生变化，做好预案，避免出现无法出行和入住的情况。

6.确定活动预案

在团建活动准备中，如果发生其他原因导致不能完成团建活动，比如天气因素导致室外活动取消，需要做好调整到室内的活动预案。

三、团建活动的组织和总结

（一）组织集合

团建活动筹备者要根据行程表，组织参加人员准时到达集合地点，需提前一天和每个人联系，出发当天再确认，确保准时到达。不能准时到达的，可以提前告知，迟到惩罚，比如发红包或者担当旅途游戏主持等。

（二）做好服务

团建活动工作比较烦琐，这就需要工作人员耐心细致、热情服务，在整个活动中，要注意各项活动的衔接工作，辅助主持人调整气氛，注意拍摄参与者的活动现场照片，以便活动后进行宣传与总结。

（三）总结团建活动

团建活动结束后，需要对团建活动进行总结，尤其是团建活动有哪些亮点，是否达成活动目标；有哪些不足，如何改进；人员分工是否合理；物品准备是否充足或是否浪费；实际费用是否与预算基本吻合等。

团建活动总结是分析团建活动组织过程中的经验和教训，可以为今后的组织工作提供参考依据，主要从以下几方面考虑。

（1）团建活动组织是否达成目标，是否有必要组织。

（2）团建活动的准备工作是否充分，行程是否安排合理，环节是否衔接得当。

（3）团建活动的后勤工作是否完备，配套服务是否周到。

（4）团建活动的参加人员是否准时到达，费用有无浪费或超出预算。

（5）团建活动参加人员对活动是否满意。

案例

团建活动日程安排

阳光公司决定组织2023年新入职员工进行一次为期两天的郊游，去著名的漂流胜地——广东清远黄腾峡漂流，然后去云海碱泉温泉度假村泡温泉，第二天再去游览牛鱼嘴风景区。负责此项工作的秘书小王很快做好了团建活动日程安排。

2023年清远漂流之旅团建活动日程安排			
9月9日 周六 DAY1	8：30	公司集合	早餐自行解决 路途中组织游戏
	8：40—12：00	出发前往清远	3～3.5小时车程
	12：00—13：30	享用午餐	黄腾峡漂流景区附近用餐
	13：30—14：00	出发前往黄腾峡漂流景区	30分钟车程
	14：00—16：00	体验黄腾峡勇士漂流	单勇士漂流时间约70分钟 （费用已包含）
	16：00—17：00	出发前往度假村，办理入住	30分钟车程到达云海碱泉温泉度假村

9月9日 周六 DAY1	17：00—18：00	前往大樟沙滩度假村 欣赏夏日沙雕艺术节	体验水上游玩项目（自费）
	18：00—19：30	享用晚餐	云海碱泉温泉度假村附近
	19：30 以后	自由活动	自由泡温泉，无边际游泳池
9月10日 周日 DAY2	8：00—8：40	享用早餐	酒店早餐
	8：40—9：00	办理退房并集合	将行李物品放在大巴车上
	9：00—9：30	出发前往牛鱼嘴风景区	30 分钟车程
	9：30—11：30	游览牛鱼嘴风景区	套票项目＋玻璃桥（费用已包含） 滑草、滑道、射箭、游船 （现场买票）
	11：30—12：30	游玩水晶弹野战（真人 CS）	景区会提供迷彩服
	12：30—13：30	享用午餐	牛鱼嘴风景区附近
	13：30	集体返回公司	中途顺路者可下车

可是日程安排提交到总监那里就被打回来了。

总监说："公司是让你组织这批新员工进行团建活动，不是单纯的旅游呀。你安排的这些项目不是不行，但玩过之后，对员工团队意识的提升有什么帮助呢？"

陈总看完也说："团建活动的目标一定要清楚，领导怎么可能通过这样的旅游方案。"

问题：

1.团建活动的组织与安排的重点是什么？

2.案例中的团建活动方案如何进行改进？

学生自评表

序号	技能点／素质点	佐证	达标	未达标
1	掌握关键概念	活动日程内容完整		
2	活动主题鲜明	能够体现团建主题		
3	活动目标清晰	能够体现团建目标		
4	活动总结完整	团建总结内容完整		
5	成果突出	能够反映团建成果		

序号	技能点/素质点	佐证	达标	未达标
6	收获显著	能够体现团建收获		
7	创新能力	分享方法有创意		
8	沟通与交流	能够顺利与他人交流,完成秘书事务所的任务分工		
9	团队合作	能够进行有效的团队合作,并充分发挥成员各自的特点,互帮互助,共同完成任务		

教师评价表

序号	技能点/素质点	佐证	达标	未达标
1	掌握关键概念	活动日程内容完整		
2	活动主题鲜明	能够体现团建主题		
3	活动目标清晰	能够体现团建目标		
4	活动总结完整	团建总结内容完整		
5	成果突出	能够反映团建成果		
6	收获显著	能够体现团建收获		
7	创新能力	分享方法有创意		
8	沟通与交流	能够顺利与他人交流,完成秘书事务所的组织分工		
9	团队合作	能够进行有效的团队合作,并充分发挥成员各自的特点,互帮互助,共同完成任务		

项目二总结会

实训任务

"项目二总结会"实训任务单

项目		二		子项目名称	项目二总结会	
实训课时	4	实训地点			指导教师	
实训学生						

实训目的	总结团建活动，完成核心能力测试，分享项目工作的体验，汇总项目材料，评选优秀员工。
提交材料	总结会（4 000）：总结团建活动（2 000）、文件汇总并排版（1 500）、口头汇报稿（500）。
事务所实训反思	事务所工作分工如下： 在工作过程中，比较困难的事情有： 改变这种困难的状态可以采取以下方法： 使我们项目的工作更加高效的做法：

实训任务：项目二总结会（4 000）

秘书事务所这段时间不仅承办了会议，并与广外艺进行了"校园行"联谊，在校际间展示了我校文秘师生的风采，还进行了秘书事务所成立以来的第一次团建活动。这几天的实训进行下来，是不是有了很大提高？请好好总结吧。

任务：

1. 将本项目所有提交材料的纸质版进行整理、电子版进行排版。

2. 制作本项目工作总结和汇报 PPT。

3. 计算本项目的绩效。

4. 评选本项目最佳员工。

学生自评表

序号	技能点 / 素质点	佐证	达标	未达标
1	资料收集	能够收集会议筹备与组织、联谊活动、团建活动的相关材料，并做到完整、齐全		
2	文书拟写	能够撰写项目二实训的工作总结		
3	沟通与交流	能够顺利与他人交流，完成项目二实训总结的各项任务		
4	团队合作	能够进行有效的团队合作，并充分发挥各自的特点，互帮互助，共同完成任务		
5	数字办公技术应用能力	能够运用办公软件制作项目二实训的总结汇报 PPT		
6	数据分析能力	能够计算和分析实训任务中各成员的绩效，并评选出最佳员工		
7	口头表达能力	能够现场汇报项目二的实训总结，表达流畅、仪态大方		

序号	技能点 / 素质点	佐证	达标	未达标
1	资料收集	能够收集会议筹备与组织、联谊活动、团建活动的相关材料，并做到完整、齐全		
2	文书拟写	能够撰写项目二实训的工作总结		
3	沟通与交流	能够顺利与他人交流，完成项目二实训总结的各项任务		
4	团队合作	能够进行有效的团队合作，并充分发挥各自的特点，互帮互助，共同完成任务		
5	数字办公技术应用能力	能够运用办公软件制作项目二实训的总结汇报 PPT		
6	数据分析能力	能够计算和分析实训任务中各成员的绩效，并评选出最佳员工		
7	口头表达能力	能够现场汇报项目二的实训总结，表达流畅、仪态大方		

项目三

尽职尽责——服务商务运营

导读

在现代社会，完成接待、谈判、沟通及协调任务，是在各类商务场合的秘书人员的基础工作内容。学习这些工作技能对我们迅速提升职场适应力，发挥更大的参谋和助手作用，具有重要意义。此外，现代公司的商务旅行也日益频繁，差旅服务也成为秘书人员工作的常态。

知识目标

1. 了解商务接待的内容、流程和技巧；

2. 熟悉商务旅行准备和善后工作的内容；

3. 了解文书处理的内容和程序；

4. 掌握时间管理的原则和技巧；

5. 熟悉信息收集的范围、渠道和方法；

6. 掌握调查报告撰写的基本要求和格式。

能力目标

1. 能够完成日常办公室行政接待工作；

2. 能够撰写商务接待的计划和方案；

3. 能够制作商务旅行的日程安排表；

4. 能够熟知商务旅行的报销流程；

5. 能够完成收发文办理和文件归档工作；

6. 能够熟练使用时间管理法则划分日常事务；

7. 能够运用信息收集的方法进行市场调研；

8. 能够分析调查数据并撰写调查报告。

素养目标

1. 培育彬彬有礼、优雅大方的秘书职业素养；

2. 认识时间管理的重要意义；

3. 养成持续学习、创新创作的习惯。

学习导图

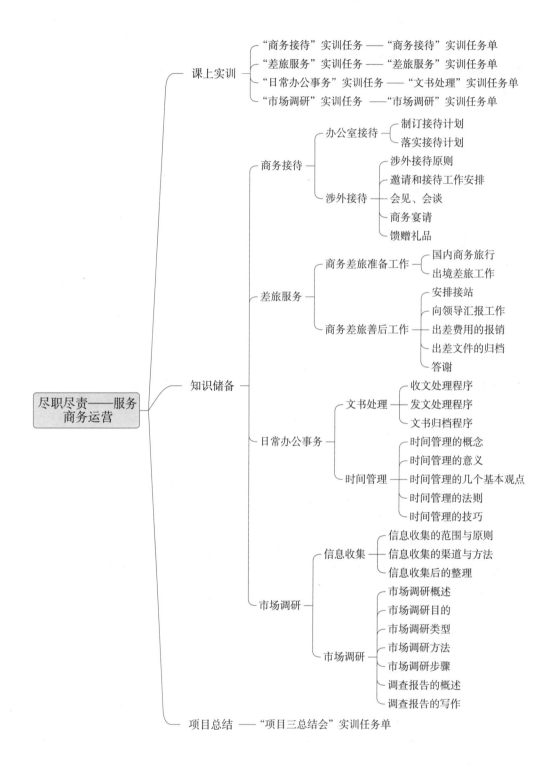

课上实训
- "商务接待"实训任务 —— "商务接待"实训任务单
- "差旅服务"实训任务 —— "差旅服务"实训任务单
- "日常办公事务"实训任务 —— "文书处理"实训任务单
- "市场调研"实训任务 —— "市场调研"实训任务单

尽职尽责——服务商务运营

知识储备
- 商务接待
  - 办公室接待
    - 制订接待计划
    - 落实接待计划
  - 涉外接待
    - 涉外接待原则
    - 邀请和接待工作安排
    - 会见、会谈
    - 商务宴请
    - 馈赠礼品
- 差旅服务
  - 商务差旅准备工作
    - 国内商务旅行
    - 出境差旅工作
  - 商务差旅善后工作
    - 安排接站
    - 向领导汇报工作
    - 出差费用的报销
    - 出差文件的归档
    - 答谢
- 日常办公事务
  - 文书处理
    - 收文处理程序
    - 发文处理程序
    - 文书归档程序
  - 时间管理
    - 时间管理的概念
    - 时间管理的意义
    - 时间管理的几个基本观点
    - 时间管理的法则
    - 时间管理的技巧
- 市场调研
  - 信息收集
    - 信息收集的范围与原则
    - 信息收集的渠道与方法
    - 信息收集后的整理
  - 市场调研
    - 市场调研概述
    - 市场调研目的
    - 市场调研类型
    - 市场调研方法
    - 市场调研步骤
    - 调查报告的概述
    - 调查报告的写作

项目总结 —— "项目三总结会"实训任务单

子项目一　商务接待

任务一　办公室接待

案例导入

小王是昌盛秘书事务所的秘书人员，一天，上级领导乘坐轿车来秘书事务所指导工作，小王负责接待。轿车刚到秘书事务所门口，小王就迎上前去打开了副驾驶的车门，没想到副驾驶就座的是领导的陪同秘书，于是小王又赶忙打开了后座的车门，引导领导下车并热情地上前打招呼，同时主动伸出右手握手表示欢迎。而后，小王向领导进行了简短的自我介绍。

随后，小王走在领导的右前侧作引导，来到电梯处乘坐电梯。电梯打开门的时候，小王主动邀请领导先进入，以示尊重。来到接待室后，小王提前准备了三种饮料，有可乐、椰子汁和果汁。小王非常热情地向领导递上了价格相对昂贵的果汁，并邀请领导品尝。指导工作结束后，小王依然走在右前方引导来访的领导一行走出公司门口，边说着："感谢各位领导光临！"边微笑着挥手告别。

思考：

1. 案例中小王的接待过程有哪些不妥之处，请指出并加以阐述。

2. 在日常的办公室接待中我们需要注意哪些问题？

实训任务

"商务接待"实训任务单

项目	三		任务名称	商务接待
实训课时	4	实训地点	指导教师	
实训学生				
实训目的	能与他人合作完成商务接待工作。			

提交材料	1. 办公室接待（8 000）：情景剧脚本（4 000）、视频（4 000）。 2. 涉外接待（3 000）：接待计划（1 000），物品及材料准备清单及时间（1 000），订房、订票、订餐方案（500），注意事项（含礼物馈赠，500）。
事务所 实训反思	事务所工作分工如下： 在工作过程中，比较困难的事情有： 改变这种困难的状态可以采取以下方法： 使我们项目的工作更加高效的做法：

实训任务： 商务接待（11 000）

　　中创科技有限公司是高职秘书事务所联盟的发起公司，作为文科教育综合服务供应商，公司以文职类专业为核心、以推动泛文科教育改革创新为宗旨，以助学、助教、助企，服务文科建设为己任，打通企业人才需求与院校人才培养路径，优化学生校内实习实训制度，目前已有 40 余所院校加入联盟。公司总经理张华和副总经理李明将于明日到秘书事务所就双方合作进行具体商议。董事长指示秘书事务所做好公务接待工作。

　　同时，学校邀请了美国马扎诺教学团队来校进行小学教育教学标准研制的培训，请秘书事务所做一份详尽的涉外接待计划。

任务：

　　1. 请完成接待任务的情景剧脚本。

　　2. 根据情景剧录制视频。

　　3. 涉外接待计划。

一、制订接待计划

（一）接待规格

　　秘书人员要根据来访者的身份确定接待规格。接待规格有三种，即高规格接待，对等规格接待及低规格接待。

1. 高规格接待

　　高规格接待即主要陪同人员的职位比主要来宾的职位要高的接待。高规格接待表明了接待方对被接待方的重视和友好，容易获得对方的好感。但经常采用这种接待规格，会占用主要陪同人员很多时间，而且在后面继续与被接待方来往时变更接待规格可能会引发对方的不满，因此，这种接待方式较少采用。

2. 对等规格接待

　　对等规格接待即主要陪同人员职位与主要来宾的职位相当的接待。这种接待规格既不会使被接待方感受到被怠慢，同时在接待过程中因为主陪双方职位相当，也更容易进行交流。这是最常用的接待方式。

3. 低规格接待

低规格接待即主要陪同人员的职位比主要来宾的职位要低的接待，所有的基层单位的接待都属于这种方式。对企业来说，如果接待的不是上级主管部门，一般来说不采用这种接待方式，否则会引发被接待方的不满。低规格接待在接待工作落实上，需要进行细致、周到的安排，以让上级感受到下级的工作能力。

（二）接待规格的确定

接待规格的确定权最终在领导手中。秘书人员根据来访者的身份和目的，初步拟定接待规格，并根据与接待方交往的历史，或者主要来宾的性格特征、文化背景、我方工作安排等因素，确定接待人选，但这些仅仅属于参考意见，由秘书人员提交给领导，由领导确定是否采纳此规格。

接待规格确定后，秘书人员要将相关陪同人员的身份资料和日程安排告知被接待方，征求意见，得到被接待方的认可。如果被接待方有疑问，秘书人员要负责解释。但是，秘书人员要注意不要随意变动接待安排，以免给领导的工作增加负担。

影响接待规格的因素有以下三个方面。

（1）被接待方与我方的关系。若被接待方来访意义重大，或者我方非常希望与被接待方发展合作关系，希望通过此次接待让被接待方看到我方与对方合作的诚意，此时往往会采用高规格接待。

（2）一些突发因素会影响既定接待规格。因为不可避免的突发事件，主要陪同人员临时无法履行接待任务，只能由他人代替，从而导致接待规格降低。遇到这种情况，秘书人员要提前与被接待方联系，解释清楚原因，向对方道歉。

（3）以前接待过的来访者，最好沿用上一次的接待规格。

（三）接待计划的主要内容

接待计划是秘书人员根据来访者的意图，依照企业的接待制度，对来访者来到企业后的接待工作所作的具体规划和安排。接待计划是接待工作的第一步，是由秘书人员起草制订的。其内容有接待规格、接待日程安排、经费预算三个部分。在企业内部，还会将企业内部与接待工作有关的工作人员的安排写入接待计划中，但在与对方进行来访事务安排的联络与沟通中，这部分内容没有必要出现。具体内容见表3-1。

表 3-1　接待计划的主要内容

序号	内容	具体安排	备注
1	接待规格	主陪高层人员，住宿、用车、餐饮，其他陪同人员	
2	日程安排	来访起止时间，每天的活动内容（日期、时间、地点、活动内容、陪同人、联系方式等）	可以使用表格的形式
3	经费预算	工作经费（租借会议室、打印资料等），住宿费，餐饮费，劳务费（讲课、演讲、加班等），交通费，参观游览和娱乐费用，礼品费，宣传公关费，其他经费	如果住宿费、交通费、参观费、娱乐费用需要对方自理，要将费用提前告知对方 如果两个以上单位联合接待，要提前确定经费来源
4	工作人员	负责的工作内容，工作要求，工作的时间、地点，联系方式等	必要时进行工作培训

二、落实接待计划

在领导批准接待计划后，秘书人员要与被接待方进行有关事项的沟通，得到对方的认可后，秘书人员就要按照接待计划，将工作逐一落实，直到接待工作完成。

（一）接站

如果秘书人员与来访者未见过面，就需要事先制作一个接站牌，接站牌上书写来访者的单位名称和来访者姓名，接站牌上的字要大而醒目，方便让来访者从远处就能看到。如果来访者比较重要，秘书人员还应该准备接站使用的鲜花，当确认来访者后献上鲜花。

在一些高规格接待中，接待方为表示对来访者的高度重视，主要陪同人员亲自到机场或车站迎接。这种接站方式场面大、气氛好，但是主要陪同人员的工作负担加重，所以一般情况不使用这种接站方式。接站人员通常情况下由秘书人员担任，秘书人员受主要陪同人员的委派前去机场或者车站迎接，主要陪同人员可在酒店等候。这是接站工作中常用的安排。

在机场或者车站接到来访者后，接待方应该先做自我介绍，保证来访者的知情权。如果主要陪同人员前来，但来访者与迎接者不熟悉，一般先由接待方的秘书人员介绍双方认识，介绍顺序是先主后客，然后，由接待方主要陪同人员介绍接待方人员，再由被接待方的主要来宾介绍被接待方人员。

介绍过程中，接待方要主动握手，向对方表示欢迎。接待方的秘书人员在征得对方同意后，可以帮助其拿大件行李并放到接待用车的后备厢中，如对方婉拒则无须坚持。

（二）乘车

根据接待规格以及被接待方的人数，确定接待用车。首先，接待用车应该保证够用，不能发生拥挤现象；其次，秘书人员要根据客人的身份选择车辆的规格和档次，要与接待规格相一致；最后，如果被接待方有特殊要求，需要向领导进行汇报并取得批准。

确定接待用车后，秘书人员必须提前告知有关部门用车的时间，并确定司机，掌握司机的联系方式以防出现突发情况。

迎接来访者的车辆一般是轿车。如果接待规格高或来访人数较多，则是由主要陪同人员同主要来宾乘坐一辆轿车，其他人员乘坐商务车或者大客车。乘车礼仪主要针对主要来宾而言。

如果驾驶者是主人，双排五人座轿车的上座应该是副驾驶座。其他依次为后排右座、后排左座、后排中座。三排七人座轿车除副驾驶座以外，其他依次为后排右座、后排左座、后排中座、中排右座、中排左座。

如果驾驶者是专职司机，双排五人座轿车的上座为后排右座，其他依次为后排左座、后排中座、前排副驾驶座。三排七人座轿车的上座为后排右座，其他依次为后排左座、后排中座、中排右座、中排左座、前排副驾驶座。

乘车时，本着尊者先行的原则，要让主要来宾先上车。接待方的秘书人员等应为主要来宾打开车门，示意其乘车位置，待其坐好后关上车门。其他人可以自行上车，秘书最后上车。下车时，如果目的地没有工作人员为主要来宾开门，秘书人员要先下车为主要来宾拉开车门。如果有门童、警卫等可以代劳，秘书人员就不必抢着做此事了。

（三）餐饮

秘书人员要根据企业的相关规定，按照接待规格，确定餐饮标准，并安排相关事宜。秘书人员要了解被接待方是否有饮食禁忌，就餐者的人数，一共要安排几次餐饮，其中哪些属于宴请，哪些属于工作餐，哪些是被接待方的答谢酒会，哪些餐饮费用由我方支付，哪些是由对方自己付费等，宴请地点选择在哪里，有哪些人作陪，宴饮的桌次、座次如何确定，宴请菜单应该是什么档次，有哪些菜色可以体现出我方宴请的诚意，并且符合被接待方的饮食习惯，宴请时是正式发出请柬邀请还是口头邀请，这些都需要秘书人员事先确定。

如果是正式的宴会，还需要提前拟定宴会程序，与对方随从商量好菜单，安排好主宾的座位。

（四）住宿

秘书人员要根据企业的相关规定，按照接待规格，确定被接待方的住宿标准并且提前预订房间。秘书人员要了解被接待方的人数、身份、性别以及住宿要求，综合交通、环境、卫生等因素选择出适合的酒店。秘书人员在确定住宿酒店上报领导审批时，应该多提供一些选择给领导。确定后应提前考察住宿条件。

在预订房间时，要考虑被接待方人员的具体情况进行安排。为主要来宾安排商务房或者单间，其他工作人员一般安排标准间。秘书人员要尽可能在卫生、安全和服务方面选择有保障的酒店，并且与企业有合作关系的酒店。

（五）参观活动

团体来访一般都会安排参观活动，这是为了让被接待方更好地了解企业的实力，感受企业文化。

安排参观内容时，秘书人员要根据参观目的而有所侧重：一是要安排有代表性的，能够满足来访者的基本要求，表现企业特点和实力的内容；二是不要影响到企业正常的生产和工作，这需要通过精心设计而达成；三是注意保密，一些重要的核心机密，或列为拒绝参观内容，或在参观时严格制定参观纪律，向参观者说明并督促他们遵守。

（六）送别

来访者完成工作任务返回时，接待方要做好送别工作。如果来访者离开的时间是上午，在前一天晚上，接待方的全体人员要前去来访者下榻的酒店进行话别，时间控制在 30 分钟内。必要的时候，接待方可以准备一些礼物，在话别时送上。如果客人离开的时间是下午或者晚上，接待方可以当天上午到酒店与其话别，同时接待方要将有关送行的工作安排告知对方，让对方放心。

任务二　涉外接待

案例导入

国内某汽车品牌公司计划与法国某汽车零件公司建立战略合作，双方约定由法方先行派遣了一名客户经理前来国内公司进行考察。负责此次涉外接待的是公司的业务拓展部经理小王，他是初次接待外国来宾，没有经验也不了解法国的习俗，所以他秉持着外国人并没有什么稀奇的想法，没有任何准备地就前往机场接待对方的来宾。见到对方以后，小王对对方表示了简单的问候，随后陪同法方的客户经理来到饭店用餐，酒余饭后小王像平时应酬一样开始攀谈一些家长里短，想借此拉近合作双方的关系，话题越说越私密，使得法方客户经理非常尴尬。这时候，小王的手机响起了铃声，原来是他的朋友给他打的电话，小王当场接通了电话，示意让法方客户经理稍等一下，随后和朋友电话交谈了十多分钟，其间法方客户经理一直被晾在一边。

第二天，再见到法方公司的客户经理后，小王愈感亲切，以为经过了昨天的饭局已经很好地拉近了双方的关系，便拉着法方客户经理聊天，话题由日常扩展到了法国的当下政局，法方经理大惊失色，惊讶地看着他，并皱起了眉头。会面结束之后，双方的合作最终没有达成，小王白白花费了精力，最后还不明白问题出在了哪里。

思考：

1. 涉外接待与普通的办公室接待有什么差异？

2. 你认为此次接待的流程中有哪些不妥之处？

3. 如何进行涉外接待的工作安排？

一、涉外接待原则

世界各国在长期发展的过程中，形成了自己的礼仪文化和风俗习惯。当来自不同礼仪文化背景的人群进行交往时，势必会发生误会、矛盾，乃至冲突。因此，在涉外接待中，秘书人员要遵循国际通行礼仪开展接待工作，为来访者搭建平等交流的文化平台。

（一）不卑不亢

不卑不亢这种态度原则能够体现接待方的人格魅力，以及处世原则，不以物喜，不以己悲，不会为眼前的物质利益放弃自己的尊严，也不会因暂时的成功而骄傲。这样才能够让客人对东道主产生好感，从而加深信任，加强合作。

（二）依法办事

依法办事是国际通行原则。秘书人员不仅要遵守我国法律，也要遵守外国客户所在国的法律，要遵守各种商业合作体所规定的章程，不投机、不取巧、不钻空子，恪守诚信，照章办事，这样才能树立起良好的、可信赖的形象。

（三）内外有别

秘书人员在接待外宾时，要具有保密意识，除国家机密以外，本行业本企业需要保密的商业资料也不能泄露给外宾。在接待地点，要注意资料的保密，不能随意放置。如果外宾有要求，在合理范围内的应尽量满足，一些过分的要求，则要婉言拒绝。如果无法确定其要求是否合理，秘书人员要及时向上级报告，请求上级指示，不能自作主张。如果一些外宾无视规定强行动作，秘书人员要及时联系相关部门和人员进行处理，不可姑息。

（四）尊重个人

尊重个人是国际礼仪的重要理念。在与外宾交往时，秘书人员要注意尊重外宾个人隐私，包括他的政治信仰、年龄、婚姻状况、身体状况、收入情况、家庭住址以及私人电话等；尊重外宾个人的选择，包括他的饮食习惯、服饰穿着、身体状况等。秘书人员不要随意对外宾的举动指手画脚，不要以关心为名去探寻外宾的个人隐私，这些都是他们非常不能接受的行为。

（五）女士优先

女士优先是指在公开场合或者社交场合，男士要为女士创造便利。这是一种绅士风度的体现，也是一种国际惯例。这一礼仪主要流行于欧美各国，现在逐渐得到国际上的广泛认同。在商务交往中的一些重要场合，要切记履行这一原则。

（六）入乡随俗

不同的国家不同的民族有着自己的礼仪文化和风俗习惯，如果到了与我们的礼仪风俗不一致的国家和地区，按照国际通行做法，我们应该遵守"入乡随俗"的礼仪风俗，即尊重对方的做法，在保持自我尊严的基础上，听从对方的安排，不可随意评点对方的行为，或者随心所欲，照自己的习惯做事。

二、邀请和接待工作安排

（一）发出邀请

发出邀请是涉外接待的第一步工作。一般情况下，涉外邀请讲究规格对等，即接待方出面邀请的人员的职务、地位、身份应大体上与被邀请者相当。邀请一般以书面形式进行，邀请函的内容包括被邀请者的身份、访问性质和访问的日期及时间等内容。在一些非事务性活动中，为显示对被邀请方的尊重，也可以请被邀请者在其认为"方便的时候"前来。被邀请者得到邀请函后，应及时给予答复，并可以据此办理相关手续。

（二）接待准备工作

接待准备工作必须在清楚来访外宾或者代表团的基本情况的基础上进行。其基本资料包括：外宾来访的目的和意图，外宾来访的日期，来访外宾的人数、职务、性别等，外宾的饮食爱好、宗教禁忌以及有无特殊生活习惯和特殊要求。秘书人员要根据以上资料，与企业领导，来访外宾进行大量沟通，为接待外宾做出完善的接待计划。

（三）礼宾次序方案

在商务活动中，若一次接待两个以上的外国代表团，就需要确定礼宾次序。礼宾次序涉及来宾进场顺序、座次安排以及发言排位等敏感问题，秘书人员要十分重视。

在大型活动的涉外接待中，不同地区、不同国家的外宾往往会在同一个时间到来，东道主的接待是否恰当，直接关系到东道主的形象，影响与对方的交往。为了避免因混乱造成外宾的不满，接待工作人员要依照一定标准为外宾排序，坚持依照礼宾次序来处理自己遇到的情况，这是唯一可行的合乎礼仪规范的做法。

国际上通行的礼宾方案表现为以下五种，这些方案在接待外宾的实践中都得到了检验，表现出了它们的作用，企业接待外宾时可以借鉴。

（1）依照外宾所在国家或者地区的名称的拉丁字母在字母表中的先后排序，这种方法常常用于大型的国际会议或者体育比赛中。

（2）依照外宾中主要来宾的身份与职务的高低来排列次序。这种方法一般用于官方举办的政务、商务、科技、学术、军事交往中。

（3）依照外宾抵达现场的时间早晚来排列次序。这种方法，一般在非正式涉外活动中采用较多，这需要现场工作人员及时地进行确认和安排。

（4）依照外宾告知东道主决定到访的时间顺序来排列次序。较大规模的国际招商会、展示会、博览会大多采用这种方法。

（5）不排列。这是一种特殊的排列方法，外宾自主活动，气氛比较活跃轻松。但是如果管理不好则容易造成混乱。

以上方法可以进行组合使用。

（四）迎送仪式

1.确定迎候人员

秘书人员要根据接待计划，按照接待规格的标准，确定参加涉外迎候仪式的相关人员以及翻译人员，这些人员的职务、地位、身份应大体上与主要来宾相当。

2.准备迎宾物品

秘书人员要准备好迎宾物品。首先是迎宾牌，上面写清来访团体的名称或者是主要来宾的名字和称呼，使用对方的文字，书写工整、清晰，颜色要醒目、喜庆。如果有欢迎仪式，秘书人员则要准备鲜花以及献花人员，要按照来宾的人数和主要来宾身份决定迎接客人的车辆的数量和规格。

3. 行礼

来宾到达后，双方应该按照礼节相互进行介绍并行礼。国际通行的礼节以及我国使用的礼节是握手。有些国家的来宾习惯行拥抱礼、鞠躬礼、合十礼等，迎接者应该回礼。

4. 乘车

在迎接外宾时，如果接待规格较高，接待方应事先与相关部门协调，最好能够将迎宾车开到门口或者闸口方便外宾乘车。如果协调不成功，秘书人员要注意关照外宾的行李，获得允许后帮助外宾拿大件行李。如果行李到达较晚，可以让外宾与其他接待人员一起先离开，秘书人员要在机场等候拿行李。如果行李托运发生问题，秘书人员要进行处理。

5. 送行

在外宾离去前接待方需要去酒店进行礼节性拜访，秘书人员要负责进行提醒和确认，以确保这一环节不被遗忘和疏漏。秘书人员要提前安排送行车辆，数量与标准要与迎接时的大致相当。在机场或者车站同外宾告别后，要等其走出自己的视线后才能动身离开。

三、会见、会谈

1. 资料准备

会见、会谈要宾主双方事先约定，另外宾主双方都可以提出会见要求。从礼仪的角度出发，东道主应根据外宾的身份、来访目的，在外宾抵达的当日或者次日，安排本单位相应的领导、部门负责人会见。外宾也可以主动提出拜会东道主的某些领导或者部门人员。接待方要提早给予答复，因故不能满足对方要求的要作出解释。

约定之后，秘书人员要了解外宾的背景资料、可能提出的问题，以及习俗禁忌、礼仪特征等，将这些资料整理后交给负责人以及其他会面人员。如果并非第一次交往，秘书人员还应把以前会谈的文件找出来，做出摘要提供给主见人。

2. 会见、会谈地点的选择、布置以及检查

会见、会谈一般选择在会客室，其基本要求：第一，空间足够大，要保证宾主双方座位安排有宽裕的空间；第二，光线适当，光线太强、太弱以及光线来源方向不恰当等都不适合，需要进行调节；第三，温度要适合，要有空调设备，并且要检查其运转是否正常；第四，要有较好的隔音设备以及抗噪声的干扰设备，以防会谈内容外泄或者受到外界噪声打扰；第五，会客室要保持清洁卫生；第六，会客室要进行美化，装饰有艺术品或者文化元素；第七，会客室要备有扩音器等设备以便会谈时使用。

座次安排也是秘书人员在检查会客室时的重要内容。会见时按照以右为尊的国际规则，一般将外宾安排在右边，主客双方人员分开就座。

双边会谈一般使用长方形或者椭圆形的桌子，多边会谈则采用圆桌或者将长条桌子摆成方形。进行双边会谈时，宾主相对而坐。双方的主要人员居中而坐，其他人员根据其身份高低，先右后左，自高而低，分别坐在自己领导的一方。

在座次排定后，秘书人员要准备姓名牌，一边是中文，一边是对方国家的文字。摆放姓名牌时，秘书人员要根据座次安排表，对应摆放，本国文字向内，他国文字向外，不得出错。这样双方人员可以通过姓名牌了解和认识对方。

3. 会见、会谈中的服务

双方会见、会谈开始，除翻译和记录人员以外，一般工作人员要退出。在会见、会谈时接待方要提供茶水、矿泉水等。如果会谈时间长，接待方还要提供咖啡、红茶等提神饮品。

四、商务宴请

商务宴请是当前商务活动的重要形式之一，餐桌是社交活动的重要平台，也是极具潜力的公关工具。越来越多的商务人士将餐桌看成绝佳的谈判桌，通过宴请，联络感情、协调关系、消除隔阂、增加友谊、加强合作等。商务宴请的形式多样，涉及方面多，如果在安排的时候没有注意到外宾的爱好、禁忌，将会严重影响双方的关系，更严重的甚至导致双方合作中止。如果安排餐饮不恰当，可能造成外宾对接待方的认识发生偏差，进而影响企业形象，造成整个接待工作的失败。

商务宴请形式不同，或表示接待方的好客大方，或展现接待方的求实高效，或体现接待方的管理能力，或表现接待方人员的文化修养、仪表风度。这需要秘书人员根据接待目的、接待对象的特点、接待经费作出正确的选择。

（一）商务宴请的特点

1. 以吃佐谈

商务宴请的目的是展示企业形象，促进企业与外宾关系发展，形成良好的合作基础。这是当前商务活动中"柔化"的谈判方式，双方通过宴饮时的友好气氛，可以冲淡谈判桌上的利益冲突，钝化彼此间的矛盾，使工作更好地开展。因此，在进行宴请时，宴请方首先要把握好"宴"的因素，吃什么、吃多少，何时吃、何地吃，谁来吃、怎么吃，都是宴请需要重视的方面，处理得当，商务宴请才能实现其公关目的。

2. 讲究礼仪

餐桌礼仪是社交礼仪的重要组成部分。在商务宴请中，无论是作为主人还是客人，都要表现出良好的礼仪修养，遵循宴请的礼仪规范，表达对交往对象的友好和尊重。餐桌礼仪务必准确把握，要友好大方，不能讨好谄媚；要举止大方，不能油腔滑调，同时要善解人意，在饮食文化上求同存异。

3. 严谨规范

商务宴请的礼仪、程序有严格的规定，尤其当宴请对象有不同甚至可能相冲突的文化背景和风俗习惯的时候，宴请礼仪工作尤为严格。没有遵守或者没有考虑到不同对象的礼仪要求，就会形成对宴请对象的冒犯，严重者甚至会引发文化冲突或者外交纠纷。因此，商务宴请，尤其是对外商务宴请要严格遵循礼仪规范，不能随意发挥。

（二）宴请的形式

1. 宴会

宴会是商务活动中的重要组成部分之一，多为合作伙伴或企业之间为某项业务活动（如洽谈会、签订合约、庆祝某项合作、某种仪式庆典等）而举办的宴会，也有企业因为某种重大业务获得成功答谢员工而举办的宴会。宴会一般分为正式宴会与非正式宴会（便宴）两种形式。

（1）正式宴会。正式宴会包括中餐与西餐两种宴会形式。正式宴会一般在有重大活动的时候举办，这种宴会规格高、规模大，程序严格，往往是为了宴请专人而精心准备的，通常是在特定地点或者大型酒店举行的大型就餐活动，对礼仪要求严格。宴会举办也是对文化的一种宣传和普及，因此，我国的正式宴会多以中餐为主。如果招待的客人是外宾，按照礼仪习惯，客人要举办答谢宴会；如果是西方客人，答谢宴会常以西餐为主。

（2）非正式宴会。非正式宴会也叫作便宴，这种宴会的规模小，比起正式宴会来更亲切、更自然。如果招待方与被招待方关系尤为亲切，可以举办家宴，以表示对客人的全方位的接纳。非正式宴会也可以在酒店举办，与正式宴会相比，省略了一些礼仪程序。非正式宴会偏重人际交往，不注重规模与档次，一些接风宴以及送别宴常会以这种形式进行。

宴会工作比较烦琐，它能够表现出接待方的好客热情、慷慨大方，以及文化素养和管理能力。宴会所需的费用一般是由接待方来支付。筹备宴会的工作量巨大，需要特别细致的筹划、安排，并要具备节约意识，必要的时候可以请教相关礼仪专家。

2. 招待会

招待会是当前商务宴请中经常采用的一种形式。招待会有酒会、自助餐、茶会、咖啡宴等形式。招待会形式灵活、时间短、程序简便、管理便利、参与人员交流机会多、交流范围广，餐饮仅仅作为辅助手段。招待会上只准备食品和饮品，不准备正餐，不安排宾主席位，不需要菜单，客人可以根据自己的口味选择自己需要的食品，经济实惠，是十分受商务人士欢迎的就餐方式。

招待会在工作程序上的要求也比较严格。举办招待会，招待方要注意服务工作的管理，注意对服务人员的培训。招待会要突出主题，要避免将不同的招待会形式混为一谈，搞得不伦不类，反而会影响外宾对企业形象的认识。

3. 工作餐

工作餐是一种边谈边进餐的非正式宴请形式。与上述两种就餐方式相比，工作餐不限制时间、地点、人员，而是按照正常工作安排，在用餐时间到来时安排的一种就餐方式。工作餐可以选择合餐、分餐，可以安排人送餐到工作场所进餐，也可以由招待方提供相对便利的场所就餐。有一些企业为了减少工作量，甚至直接将餐券或者餐卡发给就餐者，由其自行就餐。这种方式高效实用，体现出企业完善的管理能力。

工作餐经济适用，可以节省大量就餐时间用到工作上，可以利用就餐时间继续探讨工作且氛围好，因此很受商务人士青睐。但是，安排工作餐时要注意及时订餐，注意食物的质量和数量，注意食物的卫生。

（三）商务宴请的安排

商务宴请的工作包括根据商务活动的目的、对象、时间等要素考虑宴会的类型、时间、地点、菜单等方面，并据此来对场所布置、服饰、费用等礼仪要素加以考虑。具体安排内容及注意事项见表 3-2 和表 3-3。

表 3-2　商务宴请安排内容

宴会类别		确定宴会时间	确定宴请地点	菜单	场地布置
宴会	正式宴会	特定时间，晚宴居多	高档酒店或特定场所	提前确定，主菜要有特色	装饰、地毯、音乐
	非正式宴会	中、晚餐均可，迎送宴会最好在客人到达当晚和客人离开前一天	环境幽雅、安全卫生、交通便利	提前确定或者现场点菜，要照顾客人口味，荤素、咸甜、冷热搭配得当	简单布置或者不布置
宴会	酒会	鸡尾酒会在下午6点左右，约2小时；餐后酒会在晚上9点左右，不限定时间	空间较大，通风良好	酒水（红酒、低度酒）、饮料（热、冷）、点心	音乐、灯光、鲜花、摆台等

宴会类别		确定宴会时间	确定宴请地点	菜单	场地布置
招待会	自助餐	早、中、晚均可	大型餐厅、露天花园	冷菜、热菜、汤、点心、甜品、水果以及酒水	摆台、鲜花
	茶会	上午茶会一般在9点半左右，下午茶会在3点半左右	以招待方的会议室居多	香茶、鲜果、糕点、糖果	花、装饰
	咖啡宴	上午11点，1小时左右；下午4点以前	咖啡厅或者家中	咖啡（不能使用速溶咖啡）、点心	花、装饰
工作餐		正常就餐时间	食堂、餐馆	主食、蔬菜、汤、肉类	无

表 3-3　商务宴请注意事项

宴会类别		请柬	席卡	服饰要求	费用承担
宴会	正式宴会	有	有	正装	接待方
	非正式宴会	无	重要桌次，重要客人，其他不需要	大方得体	接待方（答谢宴会是被接待方）
	酒会	有	无	礼服、首饰	接待方
招待会	自助餐	无	无	得体	一般是接待方，也可以双方各付费用
	茶会	有	无	得体	接待方
	咖啡宴	有	无	正装	接待方
工作餐		无	无	普通着装	谁提议谁付费，或者是AA制

五、馈赠礼品

在国际交往中，人们经常通过赠送礼品来表达谢意和祝贺，以增进友谊。给外国友人馈赠礼品时要尽可能考虑收礼人的喜好，"投其所好"是赠送礼品最基本的原则。如不了解对方喜好，稳妥的办法是选择具有民族特色的工艺品。

（一）挑选技巧

（1）选择礼品的时候需要选择一些有纪念性的，能够让国外朋友喜爱，礼品无须多么贵重，但一定得有纪念意义。在涉外交往中，送礼依然要讲究"礼轻情意重"。因为在很多国家，都不时兴赠送过于贵重的礼品。反之，很可能让受礼人产生受贿之感。

（2）选择外事礼品需要挑选具有特色的，要体现礼品的民族性。例如，北京的手工刺绣、京剧脸谱笔筒、脸谱镇纸就很受欢迎，另外内画鼻烟壶、风筝、二胡、笛子、剪纸、筷子、图章、书画、茶叶也都不错。

（3）选择外事礼品时需要了解对方的习惯，要有针对性。挑选礼品时要因人而异，因事而异。选择礼品时，务必充分了解受礼人的性格、爱好、修养与品位，尽量使礼品受到受礼人的欢迎。此外，还应考虑到在不同情况下，向受礼人所赠送的礼品应当有所不同。比如，在国务活动中，宜向国宾赠送鲜花、刺绣等艺术品。出席家宴时，宜向女主人赠送鲜花、土特产和工艺品，或是向主人的孩子赠送糖果、玩具等。

（4）选择外事礼品需要了解对方的风俗习惯，要重视文化差异性。向外国友人赠送礼品，是绝对不能有悖于对方的风俗习惯的。要解决好这一问题，就要了解受礼人所在国家的风俗习惯。在挑选礼品时，主动回避对方可能存在的与礼品品种、图案、形状、数目、包装等有关的禁忌。

（二）赠送礼仪

赠送礼品还应考虑具体情况与场合。一般应邀赴私人家宴，应为女主人带些小礼品，如土特产、小艺术品、纪念品、食品、水果及花束等。有小孩子的，还可送糖果、玩具等。应邀参加婚礼时，除艺术品外，还可赠送花束以及实用物品等。探视病人，可根据具体情况，送些对病人有益或为病人喜爱的食品、花束等。新年、圣诞节，一般送日历、烟、酒、茶、糖果、巧克力等。出席官方或民间组织的酒会、招待会、较大的宴会等，则可不必送礼。必要时可赠送花篮、花束等。

赠送的礼品要用礼品纸（花色纸、彩色纸）包装。即使礼品本身装在盒子里，也要另加包装，然后用彩带系成漂亮的蝴蝶结或梅花结。

礼物一般应当面赠送。但参加婚礼等，也可预先送去。祝贺节日、赠送年礼，可派人送上门或邮寄。这时应随礼品附上送礼人的名片，也可以手写祝贺词，装在大小相当的小信封中，信封上注明受礼人姓名（不写地址），贴在礼品包装的上方。

当面收礼时，应双手接受礼品，握手，并感谢对方。西方人的习惯是当面打开包装，欣赏一下礼品。有时送礼人还可对礼品作一些介绍说明，收到送来的或邮寄的礼品，收礼人应回复一张名片或亲笔信表示感谢。

（三）禁忌事项

1. 英国人送礼的禁忌

一般送价钱不贵但有纪念意义的礼物，切记不要送百合花，因为这在英国意味着死亡，收到礼物的人要当众打开礼物。

2. 美国人送礼的禁忌

送礼物要送单数，且讲究包装，美国人认为蜗牛和马蹄铁是吉祥物。

3. 法国人送礼的禁忌

送花不要送菊花、杜鹃花及黄色的花，不要捆扎。不要送核桃和带有仙鹤图案的礼物，因为他们认为仙鹤是愚蠢的标志，而核桃是不吉利的标志。在法国送礼，一般选在重逢时。礼品选择应表示出对主人的智慧的赞美，应邀去法国人家里用餐时，应送几枝不捆扎的鲜花。

4. 俄罗斯人送礼的禁忌

送鲜花要送单数，最忌讳送钱给别人，这在俄罗斯意味着施舍与侮辱。

5. 日本人送礼的禁忌

盛行送礼，探亲访友，参加宴请都会带礼物，接送礼物要双手，不当面打开礼物，当接收礼物后，再一次见到送礼的人一定会提及礼物的事并表示感谢，送的礼物忌送梳子，更不要送有狐狸、獾的图案的礼物，因为梳子的发音与死相近，一般人不要送菊花，因为菊花一般是王室专用花卉。

6. 德国人送礼的禁忌

在德国送礼，对礼品是否适当、包装是否精美要格外注意，玫瑰是专送情人的，绝不可送给主人。

7. 阿拉伯人送礼的禁忌

在阿拉伯，初次见面时不送礼，否则会被视为行贿。阿拉伯习俗规定，用旧的物品和酒不能送人。特别不能送礼物给有商务往来的熟人的妻子。更不可询问他们的家居情况，去阿拉伯人家里参观做客，千万不能盯着一件东西看，否则主人一定要你收下这件东西。

8. 荷兰人送礼的禁忌

在荷兰，人们大多习惯吃生冷食品，送礼忌送食品，且礼物要用纸制品包好。到荷兰人家里做客，切勿对女主人过于殷勤。在男女同上楼梯时，其礼节恰好与大多数国家的习俗相反，男士在前，女士在后。

学生自评表

序号	技能点 / 素质点	佐证	达标	未达标
1	掌握关键概念	能够了解接待计划的具体内容和注意事项		
2	接待礼仪	能够掌握日常办公接待的礼仪		

序号	技能点 / 素质点	佐证	达标	未达标
3	情景剧脚本拟写	能够拟写接待工作的情景剧脚本，内容涵盖接待工作的各个环节和注意事项		
4	沟通与交流	能够顺利与他人交流，完成接待情景剧的角色分工和道具准备		
5	团队合作	能够进行有效的团队合作，并充分发挥成员各自的特点，互帮互助，共同完成任务		
6	资源整合能力	能够借助网络收集资料素材，了解日常办公接待的要点		
7	数字技术运用能力	能够借助办公设备和软件完成情景剧的拍摄和后期制作		
8	制订涉外接待计划	能够根据涉外接待的具体内容，制订接待计划		

教师评价表

序号	技能点 / 素质点	佐证	达标	未达标
1	掌握关键概念	能够了解接待计划的具体内容和注意事项		
2	接待礼仪	能够掌握日常办公接待的礼仪		
3	情景剧脚本拟写	能够拟写接待工作的情景剧脚本，内容涵盖接待工作的各个环节和注意事项		
4	沟通与交流	能够顺利与他人交流，完成接待情景剧的角色分工和道具准备		
5	团队合作	能够进行有效的团队合作，并充分发挥成员各自的特点，互帮互助，共同完成任务		
6	资源整合能力	能够借助网络收集资料素材，了解日常办公接待的要点		
7	数字技术运用能力	能够借助办公设备和软件完成情景剧的拍摄和后期制作		
8	制订涉外接待计划	能够根据涉外接待的具体内容，制订接待计划		

子项目二　差旅服务

任务一　商务差旅准备工作

📶案例导入

这天上午总经理开完会回来对你说，他准备后天到南京去出差 5 天，与南京华耀公司讨论合作事宜，让你帮他做出差准备，于是你开始帮上司做出差准备工作。下面有 5 个选项：

A.把飞机票和从财务部借的出差费交给总经理。

B.把出差所需的文件资料交给总经理。

C.按照总经理的喜好，帮其订好在南京住宿的酒店。

D.给南京华耀公司总裁办打电话，告诉对方总经理到达南京的时间，并请对方照顾好总经理。

E.把出差日程表交给总经理，并确定出差期间你每天用电话向上司汇报的时间。

思考：

1.请从上面 5 个选项中挑选出 1 个你认为不合适的，并说明理由。

2.你忽略了哪些准备工作？

3.如何准备领导人员的商务出差？

📶实训任务

"差旅服务"实训任务单

项目	三		任务名称	差旅服务	
实训课时	4	实训地点		指导教师	
实训学生					

实训目的	能独立完成差旅准备和善后工作。
提交材料	1.商务差旅准备工作（5 000）：差旅计划（2 000）、日程安排表（2 000）、住行预订（1 000）。 2.商务差旅善后工作（2 000）：报销程序及票据填写（1 000）、考察报告（1 000）。
事务所 实训反思	事务所工作分工如下： 在工作过程中，比较困难的事情有： 改变这种困难的状态可以采取以下方法： 使我们项目的工作更加高效的做法：

实训任务：差旅服务（7 000）

为了秘书事务所更好地发展，总经理计划下周一前往广东科技职业学院（珠海）慧文秘书事务所出差学习，学习时间为1天。总经理交代秘书做好此次差旅安排。

任务：

1.制订差旅计划。

2.制作日程表。

3.安排吃、住、行。

4.报销票据。

5.撰写考察报告或新闻稿。

为了洽谈业务、出席研讨会议、参观访问、推广新产品、考察等，领导经常需要到异地出差。为领导安排差旅事宜时，秘书人员虽然不一定每次都陪同出行，但也需要做很多准备工作。

一、国内商务差旅

（一）制订差旅计划

1.了解领导的要求

秘书人员制订差旅计划时要事先了解领导的要求，必须明确领导出行的以下信息。

（1）出差地点。出差地点是指出差旅行的最终目的地，也包括整个旅行过程中开展各项活动或工作的地点。比如出差人员常常会在转车或转机地点安排一些工作活动。有些出差只安排一个目的地，有些则会有多个目的地，在做计划时要注意尽可能考虑行程的方便、快捷，不要出现重复线路或绕道过远等情况。

（2）时间安排。出差计划中的时间安排包括往返时间和在出差地的活动时间。往返时间因为涉及各种交通工具的班次，所以一定要精确到小时、分钟，不能只写上午、下午、晚上等模糊时间段。活动时间的安排一定要事先与涉及的公司和人员进行沟通，选择双方都合适的时间。时间安排中尽量不要出现大段的自由活动或自行安排时间，影响出差的效率。

（3）随行人员。随行人员即根据差旅目的，需要安排哪些人员随行。随行人员的选择要注意业务的相关性、与被访者的关系以及工作能力，用尽量少的人员达成出差的目标，达到节约成本的目的。严禁借出差机会公费旅游、铺张浪费。

（4）交通工具。现代企业出差除选用轮船、长途汽车、火车等传统交通工具以外，飞机逐渐成为首选的交通工具，此外自驾也是距离目的地较近时的不错选择。不同交通工具的特点和注意事项各不相同，秘书人员平时应该注意积累这方面的经验。在选择交通工具时还应该注意领导希望乘坐的具体交通工具及其等级。

2. 熟悉单位的差旅制度

不同级别的领导所享受的差旅待遇是不同的，秘书人员在拟订差旅计划前，还需了解本单位的相关制度规定，如差旅费如何解决、差旅费限额、差旅费报销方式、本单位有无与旅行社挂钩等。

3. 了解出差目的地

秘书人员可以提前与出差目的地的接待方联系，也可以通过网络、资料等其他渠道，了解目的地的位置、文化、环境、气候、街道、交通、风俗等方面的情况，这对安排日程表将起到重要的参考作用。

4. 预支差旅费用

秘书人员要根据企业规定弄清领导出差应享有的待遇，要根据交通、住宿、餐饮及其他可能产生的经费，做好差旅费用预算。预算额度应该比预计的花费要稍多一些，以备可能临时出现的其他支出。然后秘书人员要按照规定的财务手续准备差旅费用，大部分单位需要填写"商务费用申请表"，经主管领导批准后再到财务部门提取预支的差旅费用。领导出差回来之后，根据实际费用分项报销。

差旅费用的携带方式有现金、旅行支票、信用卡等。如果是出国出差还应该注意提前兑换外币。

5. 预订车（船、机）票

秘书人员根据领导的要求选择好交通工具后，要注意提前购票。交通工具一般有单程票、往返票、优惠票等不同种类，事先要弄清不同的票价、出发抵达时间、中途转站或停留的规定、服务情况、保险金额等信息。

在准备预订车（船、机）票的时候，秘书人员一定要查找最新的列车时刻表、飞机航班时刻表或轮船时刻表，订票时应注意出发和到达的时间。在预订机票时还应考虑领导喜好的航空公司，如果目的地不能直达，在中转站的选择上应尽量选择环境舒适的大型中转站，中转时间尽量安排得宽裕些。

秘书人员通常采用的订票方式有电话订票、委托专门的旅行社订票、网上订票。无论采用哪种订票方式，秘书人员都要详细告知接待方出发地点、到达地点、出发日期、具体车（班）次、座位要求等，订票时还要提供乘坐人的真实姓名和身份证号码。

6. 安排住宿

领导出差，预订什么样的宾馆，一般要根据企业的规定以及领导个人的爱好和习惯来决定，同时要考虑业务的重要程度。

如果企业与要预订的宾馆有较多的业务往来，秘书人员则可以直接打电话与宾馆联系预订。如果是第一次去某个地方出差，预订宾馆的步骤：首先通过上网检索或者电话咨询等方式获取目的地相应级别的宾馆信息，也可以去一些专业的网站查询宾馆评价、评分等情况；其次进行网络或电话预订，预订时，秘书人员要提供住宿者的姓名、性别、住宿时间、房间标准等。关于订金，要视情况而定。秘书人员将宾馆确定的传真或者其他书面形式的证明复印一份，与旅行提示单放在一起，使领导到达目的地后的住宿有保障。

7. 制订详细旅程表

旅程表是按照预定的日程表和领导的计划、要求、意见而制订的，一般是经过秘书人员与接待方商议、与相关人员沟通联络之后才确定下来的。一份周密的旅程表应该主要包括以下内容。

（1）日期：包括年、月、日和星期。

（2）时间：一是指出差出发、返回的时间，包括因商务活动需要到两个或两个以上的国家或地区的抵离时间和中转时间；二是指出差过程中各项活动或工作需要的时间；三是指出差期间就餐、休息的时间。

（3）地点：一是指出差抵达的目的地（包括中转的地点），目的地的名称既可以详写，即哪个国家、哪个地区、哪个企业，又可以略写（直接写到达的企业名称）；二是指出差过程中开展的各项活动或工作的地点；三是指食宿地点。

（4）交通工具：一是指出发、返回的交通工具；二是指商务活动使用的交通工具。

有时候为了预防发生意外，秘书人员在旅程表中可以注明其他的交通工具，若有特殊情况可以及时灵活地换乘其他交通工具。

（5）具体事项：一是指商务活动的具体安排，如访问、洽谈、会议、宴请、娱乐活动等；二是指私人事务活动。

（6）备注，是指记载提醒领导的注意事项，如休息时间，需要中转时转机机场的名称，展开活动、就餐时要注意携带的文件，应遵守接待方民族习惯的注意事项等。

（7）制订旅程计划时应注意如下事项。

日程表应尽量详细、有条理，按时间顺序排列，做到一目了然。

编排日程表时，在时间一栏中必须考虑时差，购买车（船、机）票时也要注意时差。

拟定几个旅行方案，与领导共同讨论，最后选定最佳方案。

时间的安排上要留有余地，日程不能安排得太紧凑，既不能影响领导休息，又不能让领导觉得无聊。若有观光计划可安排在空闲时间。

旅程表应一式三份，一份存档，一份给领导，一份给秘书人员留存。

旅程表有表格式和文字式两种编写方式，实例见表3-4。

表 3-4　王总的旅程表

（北京—上海；2024 年 6 月 21—22 日）

日期	时间	地点	交通工具	具体事项	备注
6 月 21 日（星期六）	8：00—9：15	公司大门—广州白云国际机场	公司车辆	前往广州白云国际机场	1. 带好随身用品 2. 邀请函、机票已准备好
	11：10	上海浦东国际机场—上海大厦	主办方车接	前往上海大厦	李先生和李静小姐陪同用餐
	14：00—19：00	酒店		休息	酒店服务员于 19：00 打电话提醒您参加晚宴
	19：30—22：00	多功能餐厅		晚宴	
6 月 22 日（星期日）	8：00	多功能餐厅		早餐	
	9：00—11：30	五楼会议室		会议	您将于上午 9：45 第一位发言，介绍广东服务行业现状
	13：00—15：00	五楼会议室			
	16：30	上海浦东国际机场	出租车	前往上海浦东国际机场	搭乘 CHNA5876 次航班返程
	18：25	广州白云国际机场	公司车辆	返程	秘书、司机接站

新华公司总经理旅程时间安排

（上海—广州—深圳；202× 年 5 月 5—9 日）

5 月 5 日星期二

6：00　乘坐中国民航 301 次航班由上海到广州。

7：50　抵达广州（李芳小姐接机，共进早餐）。

9：00　住东方宾馆预约房间（确认预约信件在 AA 票据信封内）。

15：00　全体分公司经理会议（需用的 1 号文件，在公文包里）。

18：00　在东方宾馆，公司聚餐（2 号文件内附有演讲稿）。

5 月 6 日星期三

10：15　与王先生在公司办公室会谈。

12：00　与王先生共进午餐。

15：00　参加全体销售部经理会议（3 号文件）。

18：00　与广州分公司经理李先生共进晚餐。

5 月 7 日星期四

9：50　乘 98 次快车去深圳（头等车，用午餐）。

13：10　抵达深圳，分公司经理方先生接车，并送总经理到深圳湾大酒店（订一间带有浴室的双人套房）。

15：00　分公司开会（4 号文件）。

18：30　迈斯托森先生到深圳湾大酒店接总经理，与迈斯托森夫妇共进晚餐。

5 月 8 日星期五

9：00　离开深圳湾大酒店，参观游览"锦绣中华"。

11：30　乘 100 次快车离开深圳去广州（车上用午餐）。

14：30　抵达广州（李小姐在车站迎候，将总经理送到中国大酒店）。

18：00　与广州分公司经理李先生共进晚餐。

5 月 9 日星期六

9：15　乘中国民航 302 次班机离开广州返上海。

11：10　抵达上海。

（二）与接待方联系

秘书人员应该提前与接待方所在单位取得联系，报告我方派出人员的姓名、身份、出行目的，约定好活动的时间和地点，并商议具体的细节。

（三）准备旅行物品

秘书人员要根据领导出差的时间、地点、相关活动等情况，准备好领导将要使用的文件并列出旅行物品清单。下面的"温馨提示"是出差常用物品清单，每次出差前可以对照检查。

秘书人员为领导准备出差用的文件资料时，要根据本次旅行的活动顺序及项目分别准备，最好将每项活动的文件单独放在一个文件袋中，每个目的地的日程安排也单独列出。

📶 温馨提示

出差常用物品清单

一、旅途必备

1.车票：火车票、汽车票、机票（用完后要保存好，以免报销时找不到）。

2.钱包：随身携带适量现金（带足日常开支所用即可，无须太多，更不可在外露富）。

3.各类银行卡：银行卡、信用卡（最好不要和身份证放在一起）。

4.各类证件：身份证、护照、港澳通行证、结婚证。

5.通信工具类：手机、手机充电器、充电宝、电话出发前足额充值。

6.记事本、签字笔（工作、开会等记录详情）。

7.雨伞。

二、个人用品

1.洗漱用品：毛巾、牙刷、牙膏、洗发水、沐浴露、洁面乳。

2.面巾纸、消毒纸巾。

3.指甲钳、小刀、塑料袋。

4.换洗衣物：外套、内衣、内裤、袜子（注意根据不同的地点、不同的季节来准备，稍多准备一点）。

5.常用药品、晕车药、风油精、万金油之类的多用途外用药（其他的药品根据个人自身状况来准备）。

6.眼镜（最好准备一块擦镜布）。

7.剃须刀。

8.女性化妆品及个人卫生用品。

9.家门钥匙。

三、资料类

1.行程表（最好打印出来，随身携带）。

2.各类资料：企业简介、宣传资料、产品资料、合同协议、备忘录、当地相关资料等（若去多个目的地，最好将这些资料进行分类，放在不同的文件袋里）。

3.各种电子文档（建议提前存在 U 盘、移动硬盘或手机中，但切不可忘记数据线和充电线）。

4.杂志、报刊、画册。

5.出差目的地地图一份或提前下载网络地图。

（四）出差前后的工作安排

为了保证出差期间单位工作的正常运转，秘书人员应提醒领导要对自己的工作进行授权或交代。领导的授权书要在其出差前一天以复印件或电子邮件的形式发放给有关部门和相关人员。

出发当天，无论领导是从单位出发还是直接从家里出发，秘书人员都要安排好送站。动身之前，秘书人员一定要再仔细检查一下领导是否有忘记携带的物品，这时发现并补送还来得及。

把领导送上火车、飞机或轮船之后，要立即电话通知接待方接站时间，如果改变原定车次或航班，一定要将新的车次或航班告诉对方。

二、出境差旅工作

（一）出境证件准备

1. 办理护照

（1）填写完整的《中国公民出入境证件申请表》，并向户口所在地公安局出入境管理处提供近期免冠蓝底彩色光学照片一张及出入境证件数码相片检测回执。

（2）提供申请人的居民身份证；在居民身份证领取、换领、补领期间，可以提交临时居民身份证。

（3）省内居民跨地市就近办理护照的（含登记备案国家工作人员），还需提交居住地公安机关签发的一年以上有效《居住证》；16周岁（含）以下和60周岁（含）以上人员可免交《居住证》。

（4）国家工作人员申请普通护照，除提交上述规定的相应材料外，还应当提交本人所属单位按照人事管理权限审批后出具的同意出境证明。

2. 办理签证

办理签证有三种方法：一是由本人亲自持护照和有关资料前往出访国驻我国大使馆或领事馆直接联系申办签证；二是委托权威、可靠的签证代办机构代办；三是委托出访国的接待方前往该国的大使馆或领事馆办理。

在办理签证时，出访人可根据情况，选择稳妥、方便、快捷的申办方法。取得签证后，出访人应仔细检查签证内容：有效期和停留期是否清楚；签证持有人的姓名拼音是否正确；签证官员和签发机关是否签字盖章等。若发现有误，出访人要立即提出并要求改正。

3. 办理黄皮书

黄皮书即国际预防接种证书，是世界卫生组织为了保障出入国境人员的人身健康，防止某些疾病传染、流行所要求的证明。因其封面通常是黄色的，所以惯称"黄皮书"。准备出国的人员在办理了有效护照和签证后，持单位介绍信到所在地卫生检疫部门进行卫生检疫和预防接种，领取黄皮书。领到黄皮书后，准备出国的人员要认真检查，黄皮书上姓名等内容是否与护照一致，检疫机关盖章、医生签字是否清晰，应该接种的项目是否填写。有些国家同意免交黄皮书。

（二）出境准备

秘书人员协助领导进行的出国准备工作主要有编制旅程方案、订购机票、办理保险、准备外币、准备旅行物品、时差计算、收集所到国家或地区的资料、根据前往国的习俗准备赠送的礼品、编制时差表等。其中，编制旅程方案和国内出差相似。下面主要介绍与国内出差不同的部分。

1. 订购机票

在购买国际航班机票时，秘书人员既可以在国内各航空公司售票代理点（或通过网络、电话）办理购票手续，也可以在外国航空公司驻我国办事处购买，购买国际航班机票时必须交验身份证和护照。拿到机票时秘书人员要查验航班班次、日期、机场名称等信息是否准确，乘机联上的姓名、拼音是否准确，是否有涂改或填写不清楚的地方，是否有公章等。

2. 办理保险

出境差旅建议提前购买意外保险，用于预防意外事故。所购买的险种包括乘机安全险、个人健康险、航班延误险等。

3. 准备外币

境外小额消费需要支付当地货币，秘书人员在领导出国前需按照相关规定到银行换取一定数量的外币；境外大额消费可直接使用信用卡、银行卡或旅行支票。

4. 准备旅行物品

秘书人员除为领导准备出访的物品、文件资料、证件等以外，还要考虑准备适当的礼品。商务活动中不宜赠送贵重的礼品，准备一些具有当地特色或中国特色的精致工艺品就可以了。

5. 时差计算

秘书人员要清楚各国之间的时差转换方法，以便确定领导的出发到达时间以及与领导的沟通时间。一般来说，行程单、机票上的时间使用的都是当地的时间，如乘飞机从广州飞往美国洛杉矶，机票上注明的时间是"广州白云机场21：30""洛杉矶机场18：10"，前者用的是北京时间，后者用的是美国西部时间。

6.收集所到国家、地区的背景资料

在国际交往中，无论是出国考察还是商贸洽谈，都会遇到各种不同的情景，掌握所到国家和地区背景资料，如文化、习俗、礼节等常识非常有必要，可以使出访人在处事过程中充分尊重别国的习俗，不失礼仪之邦的风范，同时维护自己的尊严，不卑不亢。

温馨提示

出国严禁携带的物品

出国严禁携带的物品分为三个方面：一是我国严禁携带出境的物品，二是到达国家严禁携带入境的物品，三是回国时我国严禁携带入境的物品。虽然每个国家的具体规定不太一样，但以下是大多数国家出国严禁携带的物品。

1.各种武器、仿真武器、弹药及爆炸物品。

2.伪造的货币及伪造的有价证券。

3.没有包装或英文说明的药品（即使有包装和英文说明，也不应超过一定的数量）。

4.各种烈性毒药。

5.鸦片、吗啡、海洛因、大麻以及其他能使人成瘾的麻醉品、精神药物。

6.带有危险性病菌、害虫及其他有害生物的动物、植物及其产品。

7.有碍人畜健康的、来自疫区的以及其他能传播疾病的食品、药品或其他物品。

8.珍贵文物及其他禁止出境的文物。

9.盗版的音像制品。

10.植物（均含标本）及其种子和繁殖材料（包括各种新鲜蔬菜、水果，水果制成的食品等）。

11.动物标本或动物皮毛、骨头制品。

12.乳制品、蛋制品、肉类制品。

13.超过一定数额的现金（具体可查看各国的规定）。

14.超过一定数额的烟酒类商品。

任务二　商务差旅善后工作

案例导入

　　公司安排你参加在上海举办的培训班，培训时间为2024年8月7日至12日，通知明确：8月7日报到，8月12日结束，学习培训期间食宿、培训费由举办单位负责，往返交通、食宿费用由你所在公司负责。

　　具体行程如下：

　　8月6日，公司派车将你从驻地送至机场，乘飞机抵达上海后，你在上海住宿一晚；

　　8月7日，你在上海参观某博物馆之后，打车抵达培训地点报到；

　　8月12日，结束培训后，你乘车前往杭州市考察学习，并住宿一晚；

　　8月13日，你从杭州市乘车返回至上海，并乘坐飞机返回驻地，公司派车将你接回。

　　思考：

　　1. 你在此次出差过程中产生了哪些费用？列出明细。

　　2. 你产生的这些费用哪些是可以报销的？

　　3. 报销的一般流程是怎样的？

　　领导或其他出差人洽谈业务、交流访问、商务考察结束，顺利返程后，围绕此次出差，秘书人员仍需要做很多落实工作。

一、安排接站

　　（1）秘书人员根据领导预订车（船、机）票的返程时间，安排车辆提前在到达地进行接站，接站时需帮助领导拎取行李。

　　（2）在返回单位或领导家的路上，秘书人员可以根据领导的精神状况，简要汇报近期的工作情况。

二、向领导汇报工作

领导正式返回工作岗位后，秘书人员首先要做的工作就是详细汇报领导出差期间的各项工作，将领导出差期间，所有的工作概况，做成工作报告，整理成册，放在领导办公桌上，方便领导回来后马上进入工作状态。

三、出差费用的报销

出差产生的一系列公务费用，需要向单位的财务部门申请报销。协助报销的秘书人员需要了解清楚单位内部的报销规定和报销流程，以便做好报销工作，一般流程如下：

（1）清点整理领导出差期间带回的所有发票；

（2）根据单位财务相关规定，粘贴发票（粘贴发票时应注意分门别类，如交通费、住宿费、餐饮费等），并填写差旅费报销单；

（3）将整理填写好的发票和差旅费报销单交由领导审核，若无问题，待其签名后，提交财务。

案例

虚假报销，违纪违法

孙某在某外商投资企业担任销售总监。因工作需要需长期在外出差，而公司给孙某出差的住宿补助最高限额为 1 000 元，通过某住宿软件实报实销。

2021 年 4 月，孙某在前往四川成都出差时，发现某住宿软件上一个标价仅有 200 元左右的酒店，便动了歪心思。他电话联系酒店的老板，商量在某住宿软件上以 1 000 元为限额开具住宿信息，然后待公司支付房费后，酒店老板将多收取的房费退回给孙某。此后的 5 个多月里，酒店老板共返给孙某 93 435 元。

2021 年 10 月，孙某从公司离职。不久后，孙某被公安机关抓捕归案。法院审理后认为，孙某虚开住宿费并进行套取的行为属于非法占有公司财产，且数额较大，已构成职务侵占罪，判处有期徒刑 6 个月，并处罚金 8 000 元。

问题：

1. 案例中孙某虚假报销的行为是否违反了相关法律规定，并举例说明。

2. 在制定公司日常的报销制度和规范时，我们应该如何规避出现这些漏洞？

📶 温馨提示

> **虚假报销，违纪违法**
>
> **《中华人民共和国刑法》第二百七十一条**
>
> 职务侵占罪：公司、企业或者其他单位的工作人员，利用职务上的便利，将本单位财物非法占为己有，数额较大的，处三年以下有期徒刑或者拘役，并处罚金；数额巨大的，处三年以上十年以下有期徒刑，并处罚金；数额特别巨大的，处十年以上有期徒刑或者无期徒刑，并处罚金。
>
> **《中华人民共和国刑法》第三百八十二条、第三百八十三条**
>
> 贪污罪：国家工作人员利用职务上的便利，侵吞、窃取、骗取或者以其他手段非法占有公共财物的，是贪污罪。
>
> 对犯贪污罪的，根据情节轻重，分别依照下列规定处罚：（一）贪污数额较大或者有其他较重情节的，处三年以下有期徒刑或者拘役，并处罚金。（二）贪污数额巨大或者有其他严重情节的，处三年以上十年以下有期徒刑，并处罚金或者没收财产。（三）贪污数额特别巨大或者有其他特别严重情节的，处十年以上有期徒刑或者无期徒刑，并处罚金或者没收财产；数额特别巨大，并使国家和人民利益遭受特别重大损失的，处无期徒刑或者死刑，并处没收财产。

四、出差文件归档

秘书人员根据领导的要求，将其出差期间带回的数据、文件和样品等进行整理归类，并请示领导的意见后，再分门别类进行归档或者交相关部门处理后再归档。

五、答谢

对领导出差期间给予接待或者协助的人，通过电子邮件或电话表示谢意，以建立与外界的良好关系。

学生自评表

序号	技能点/素质点	佐证	达标	未达标
1	掌握关键概念	能够了解商务差旅准备工作和善后工作的内容和注意事项		
2	制订差旅计划	能够合理制订差旅计划，设计差旅日程表		
3	资料收集	能够收集差旅过程中的各种资料，并做到齐全完整		

序号	技能点/素质点	佐证	达标	未达标
4	沟通与交流	能够顺利与他人交流，根据实训案例完成差旅的准备工作和善后工作		
5	团队合作	能够进行有效的团队合作，并充分发挥成员各自的特点，互帮互助，共同完成任务		
6	资源整合能力	能够借助网络收集资料素材，了解出境差旅的注意事项		
7	文书拟写	能够拟写领导差旅行程的总结或者新闻稿		
8	财务报销	能够掌握差旅报销的流程和注意事项，并进行财务报销		

教师评价表

序号	技能点/素质点	佐证	达标	未达标
1	掌握关键概念	能够了解商务差旅准备工作和善后工作的内容和注意事项		
2	制订差旅计划	能够合理制订差旅计划，设计差旅日程表		
3	资料收集	能够收集差旅过程中的各种资料，并做到齐全完整		
4	沟通与交流	能够顺利与他人交流，根据实训案例完成差旅的准备工作和善后工作		
5	团队合作	能够进行有效的团队合作，并充分发挥成员各自的特点，互帮互助，共同完成任务		
6	资源整合能力	能够借助网络收集资料素材，了解出境差旅的注意事项		
7	文书拟写	能够拟写领导差旅行程的总结或者新闻稿		
8	财务报销	能够掌握差旅报销的流程和注意事项，并进行财务报销		

子项目三　日常办公事务

任务一　文书处理

📶案例导入

秘书小王收到一封来自上海分公司的公函，标题赫然写着《上海分公司关于申请招聘 30 名应届毕业生的函》。小王深知这份公函的重要性，立刻按照流程进行了签收与启封，随后，将这份公函送到了集团公司总裁办公室，交给了张主任。

张主任接过公函，仔细阅读后在公函的空白处写下了自己的意见："建议人力资源部与财务部共同办理复文，报请刘总阅批。"写完后，他立刻将文件送到了刘总的办公桌上。刘总对张主任的拟办意见表示赞同，于是就用铅笔在文件上轻轻圈阅，以示同意，并将公函交给了承办部门。承办部门接到指示后，立刻着手准备复文。复文的草稿终于拟好了。张主任对拟好的文稿进行了严格的审核，确保每一个细节都符合公司的规定和要求。审核通过后，文稿被送到了刘总的面前。

刘总再次审阅了文稿，确认无误后，在"发文稿纸"的签发栏内郑重地签下了自己的名字和日期："拟同意发出。刘强，2024 年 6 月 7 日。"随后，文稿被送到了文印室进行打印。

在文印室，工作人员忙碌地校对着文稿，确保每一个字、每一个标点都准确无误。然而，就在校对即将完成时，张主任突然走进了文印室，他的脸上带着一丝凝重。原来，他在最后一遍审阅时，发现文稿中遗漏了一个重要事项，张主任立刻对文稿进行了相应的补充。随后，文稿再次经过了缮印、校对、盖印等一系列流程，最终按照规定的程序正式向外发出。

思考：

1.请根据上述公函的实际办理过程，指出办文环节的错漏之处，并说明理由或提出改进意见。

2. 梳理公司的收发文处理程序，并绘制流程图。

📡 实训任务

"文书处理"实训任务单

项目	三		任务名称	文书处理	
实训课时	4	实训地点		指导教师	
实训学生					
实训目的	能独立完成文书处理工作和时间管理工作。				
提交材料	1. 文书处理（5 000）：收发文流程图（2 000）、发文登记簿和发文稿纸的设计（2 000）、归档文件（1 000）。 2. 时间管理（2 000）：值班表（1 000）、总经理周时间表（1 000）。				
事务所 实训反思	事务所工作分工如下： 在工作过程中，比较困难的事情有： 改变这种困难的状态可以采取以下方法： 使我们项目的工作更加高效的做法：				

实训任务：文书处理（7 000）

　　秘书事务所自成立以来，办公室纸张用量较大，一体机已经更换两次硒鼓，给工作带来了很大困扰。总经理责令行政部加强办公用品管理，拟制《关于规范一体机使用规定的通知》下发至各部门。

　　清明节假期即将来临，拟定假期值班安排表和总经理下周日程安排表。

任务：

　　1. 绘制此次发文的流程图。

　　2. 模拟发文流程，设计发文稿纸和发文登记簿，并根据实际情况填写。

　　3. 将此次发文的相关材料进行归档。

　　4. 编制假期值班表。

　　5. 编制总经理周时间表。

　　文书处理亦称公文处理工作，它要求简明、精确而有条理地办理与管理文书事务，为有效地推进公司工作服务。其主要的工作内容有文件的收发、登记和分送；文件的拟办、批办、承办和催办；文件的签发、缮印、校对和盖印；会议、汇报、电话的记录与整理；文件的平时归卷、提供借阅与保管；文件的系统整理、编目与归档等。

一、收文处理程序

　　收文处理程序一般包括签收、登记、拟办、批办、承办、催办、查办、签注等程序。以下就收发文处理程序的几个主要环节进行介绍。

（一）签收

对收到的公文应当逐件清点，核对无误后签字或者盖章，并注明签收时间。签收一般由外收发人员负责。签收人员一般要检查应收"件"数量是否符合；检查收件封套封口是否完整；核对收文机关名称是否为本机关收文；检查封套是否注明"急件""密件""亲启"等文本字样，根据不同要求，做不同处理。"急件"随到随传，"密件"转交机要室，"亲启"应转交领导本人。经检查确认无误后，做收文登记。签收（外收发）人员一般不能对封套进行启封，登记时一般以收"件"为单位登记。

（二）登记

对收"件"进行拆封，将收受的公文主要信息和办理情况进行详细记载。登记环节由内收发人员负责，拆封时要注意拆封方式的运用，不能损坏封套内的公文。对于规模较小的单位，公文的"签收""登记"环节可以由一个人负责。在收文登记簿上登记的项目有顺序号、收文日期、来文机关、来文文号、机密等级、标题、签收人、备注等，登记顺序一般按年、月、日流水登记。

（三）审核

收到下级机关上报的需要办理的公文，文秘部门应当进行审核，审核的重点：是否应当由本机关办理；是否符合行文规则；是否符合国家法律、规范等。

（四）分送公文

1. 传阅性公文

传阅是指由秘书人员组织公司的领导依次阅读文件内容，并签署各自的意见。对于每位领导都需要知晓的文件，应组织以秘书人员为中心的传阅，即每一位领导看完后都交给秘书人员，由秘书人员传递给下一位领导，也称为"轮辐式传阅"，这样可以大大提高阅文效率，也可以避免文件在传递中丢失。

2. 批办性公文

（1）拟办。秘书部门在收到登记后的文件后，按文件内容和办理要求，提出建议、提示，应送给谁或哪一个部门办理等意见，以供参考。

（2）批办。批办就是由本单位领导对文件应由谁或哪一个部门办理及如何处理等写出批示意见。

（3）承办。承办是指具体科室或人员按领导批示意见和文件本身的要求进行具体办理的过程。

（4）催办。催办是秘书部门对文件的承办进行检查和督促。

（5）签注。签注就是由承办人在文件处理单上注明该文件的办理情况或结果。

（五）答复

公文的办理结果应当及时答复来文单位，并根据需要告知相关单位的过程。答复工作由秘书部门人员依据来文的具体情况，采用纸质或电话等方式及时、准确、具体告知来文机关来文的处理情况。

温馨提示

收文处理注意事项

收文处理虽然不是一件很复杂的工作，但如果秘书人员不细心办理，不按规章制度进行，也容易出现问题，甚至会影响企业日常工作的正常进行。收文处理需要注意的事项包括以下内容。

1. 及时

收文处理整个过程都应该强调及时，及时登记、及时传阅、及时交办，不拖拉、不积压、文件传阅后要及时回收。

2. 准确

第一，收文登记要准确，来文单位、文件标题、来文时间都应该准确无误。第二，拆封时要进行核对，看看有没有错送或漏送的情况。第三，准确分清文种，因为不同的文种在重要程度和处理时效上存在区别。第四，要分清是属阅文还是属办文，如果是阅文，只是让领导过目，需组织传阅；如果是办文，需要具体的部门办理，则需要准确送达，并进行催办。

3. 照章

收文处理应照章处理，注意文件的归口和阅览范围，严禁随意扩散文件中的内容；注意处理的程序，一般先由办公室领导提出拟办意见，再根据意见进行处理；组织传阅时除要注意阅文的先后次序以外，还要强调文件到阅文人手中后不能自行横传。

4. 填单

公司收文之后，秘书人员应填写好文件呈批传阅单或称收文处理单附在文件上，然后按其中的栏目找到相关责任人完成拟办、分发、传阅、批示、办理、注办等环节。

二、发文处理程序

发文处理程序一般包括：拟稿、核稿、签发、复核、缮印、校对、用印、登记、分发、归档等环节。

（一）拟稿

拟稿是指根据领导的交拟意见或批办意见起草公文文稿的工作。

（二）核稿

核稿是指办公部门或负责拟稿的业务部门的领导人对撰稿进行审查。

（三）签发

签发是指单位主管领导对审核过的公文稿进行最后审定并签署印发。签发时领导要写明意见并签名，同时要写上日期。

以上三个流程，有时也统称为公文拟制。

（四）复核

复核指公文在正式印制前，文秘部门对其进行复查审核，主要包括：审核处理程序、附件材料、文件格式等方面。

（五）缮印和校对

按规定手续经过签发的文件，即可缮印，并对缮印好的文稿进行校对，避免出现差错。

（六）用印

用印是在需要加盖印章的文件上盖上单位公章或签署领导人的印章。

（七）登记

登记指在文件用印封发之前，对文件主要内容进行登记检查的环节。

（八）分发

分发是指将文件按收文对象的不同分派给不同的单位或部门。

（九）归档

归档是将处理完毕的文件作为档案保存起来，以备今后工作的查考。

温馨提示

发文处理注意事项

拟稿是发文处理的第一道程序，是关系到文件质量的基础工作，秘书人员必须十分认真细致。所拟文稿应该内容完整、条理清楚、格式正确，相关的附件齐全，版式不能有任何偏差。

核稿一般由办公室分管文字的负责人在草稿未送主管领导审批之前，依据公文的基本要求，对草稿的体式、内容等进行全面的审核。核稿不仅要对文件的内容进行把关，还要对文件的格式、版式等各方面进行把关。

签发是单位领导对文稿的最后审批，文件草稿经领导签发后，即成为最后定稿，文件据此生效。发文稿纸应有领导的签发意见，所以也应同文件正本一起归档保存。

文稿经单位领导签发后，要进行编号登记，防止发文混乱。编号应按公文格式新规定的方法编排，一般包括发文代字、发文年号和该年度发文序号三部分组成，如 ×× 字〔××××〕第 × 号。

缮印即对经公司领导签发后的文稿进行印制，在缮印过程中，必须做到：以经单位领导签发后的定稿为依据，忠于原稿，不得随意改动，确需改动的要报经签发人批准；注意排版艺术，版面的安排要美观大方、赏心悦目；注意保密，文印人员不得让他人随便翻阅文稿，对印制的底版、清样、废页也要管理好，防止泄密。

校对是文件制发过程中的一个重要环节，也是秘书人员的一项重要工作职责，这项工作完成的好坏，直接关系到文件处理的速度和准确性，秘书人员要认真校对，保证不出错漏；要坚持三校制度，一校由起草者进行，二校由核稿人员进行，三校最好由部门负责人进行。校对时要以文件定稿为基准，进行认真仔细的校对，连标点符号也要认真对待，把住文件制发的最后一关。校对时应正确使用国家规范的校对符号。

用印是在制成的公文上加盖机关印章，这是公文生效取信的凭证。用印要做到端正、清晰、位置恰当，即所谓"上不压正文，下要骑年盖月"。

发放文件时，必须建立发文登记簿，严格履行收文人签字手续，以保证文件发放不出差错。

归档是发文处理工作最后一道工序，即秘书人员将制成的文件连同文稿一起，按正文在上、定稿在下的顺序收集起来，年终按文书档案管理的要求，整理归档。本单位的发文最好要将文件的正本、定稿以及文件签发单一同归档保存。

三、文书归档程序

（一）归档的含义

归档就是各机关、团体、企业、事业单位的文书处理部门在文件办理完毕后，按照有关规定，对其中有查考保存价值的文件，按照它们在形成过程中的自然规律和特点，进行分类、排列、编目使之有序化，并向档案室或档案人员移交的过程。

（二）归档范围

根据国家档案局《机关文件材料归档范围和文书档案保管期限规定》及国家档案局、国务院国有资产监督管理委员会《国有企业文件材料归档办法》规定，凡属归档范围的文件材料，必须按有关规定向本单位负责档案工作的部门移交，实行集中统一管理，任何个人不得据为己有或拒绝归档。下面分别介绍机关文书材料与企业文书材料的归档与不归档范围。

1.机关文件材料归档与不归档范围

1）机关文件材料归档范围

一般来说，本机关形成的文件材料是归档的主体和核心，即本机关制发的文件。依据国家档案局颁发的《机关文件材料归档范围和文书档案保管期限规定》，机关文件材料归档范围如下。

①反映本机关主要职能活动和基本历史面貌的，对本机关工作、国家建设和历史研究具有利用价值的文件材料；

②机关工作活动中形成的在维护国家、集体和公民权益等方面具有凭证价值的文件材料；

③本机关需要贯彻执行的上级机关、同级机关的文件材料，下级机关报送的重要文件材料；

④其他对本机关工作具有查考价值的文件材料。

以上归档范围的机关文件材料，主要有以下四个方面的来源和内容。

①本机关形成的文件材料，包括：本级召开的党的代表大会，人民代表大会，政治协商会议，工会、共青团、妇联代表大会的文件材料；本级党委、人大、政协、纪检会、共青团、工会、妇联的常委会、执委会、主席团、全体委员会议、政府常务会、办公会议的文件材料；本机关党组（党委、党支部）会议和行政办公会议的纪要、记录；本机关召开工作会议、专题会议的文件材料；本机关联合主办、协办召开会议的文件材料；本机关承办国际性会议、大型展览会、博览会的文件材料；本机关制发的各种业务文件、请示、批复、工作计划、总结等文件材料；本机关编写的大事记、组织沿革、简报、情况反映、规章制度；本机关机构编制、干部人事、党、团、纪检、工会、保卫、信访工作形成的文件材料；本机关事务管理工作形成的文件材料等。

②上级机关制发的文件材料，包括：上级机关制发的属于本机关主管业务的文件材料，上级机关制发的属于非本机关主管业务但要贯彻执行的文件材料，上级机关制发的关于本机关机构设置、领导人任免、人员编制等文件材料。

③同级机关制发的非本机关主管业务但要贯彻执行的文件材料。

④下级机关报送的报告、计划、总结、统计材料。

2）机关文件材料不归档的范围

依据国家档案局《机关文件材料归档范围和文书档案保管期限规定》，机关文件材料不归档的范围如下。

①上级机关的文件材料中，普发性不需本机关办理的文件材料，任免、奖惩非本机关工作人员的文件材料，供工作参考的抄件等；

②本机关文件材料中的重份文件，无查考利用价值的事务性、临时性文件，一般性文件的历次修改稿、各次校对稿，无特殊保存价值的信封，不需办理的一般性人民来信、电话记录，机关内部互相抄送的文件材料，本机关负责人兼任外单位职务形成的与本机关无关的文件材料，有关工作参考的文件材料；

③同级机关的文件材料中，不需贯彻执行的文件材料，不需办理的抄送文件材料；

④下级机关的文件材料中，供参阅的简报、情况反映、抄报或越级抄报的文件材料。

2. 企业文件材料归档范围

企业文件材料归档范围包括企业在筹备、成立、经营、管理及产权变动过程中形成的具有保存价值的文件材料。其中，属于文书档案归档范围的是党群工作、行政管理工作、经营管理工作和生产技术管理四个方面管理性的文件材料。

1）党群工作形成的文件材料

党群类材料包括：党务综合性工作、党员代表大会或党组织其他有关会议；党组织建设、党员和党员干部管理、党纪监察工作、重要政治活动或事件；宣传及思想政治工作、企业文化和精神文明建设、统战工作；职工代表大会、工会工作、共青团工作、女工工作；专业学会、协会工作，群众团体活动等。

2）行政管理工作形成的文件材料

行政管理类材料包括：企业筹备期的可行性研究、申请、批准，企业章程；企业领导班子（包括董事会、股东会、监事会和经理层，下同）构成及变更、企业内部机构及变更；企业领导班子的活动；综合性行政事务，企业事务公开，文秘、机要、保密、信访工作，印鉴的管理；法律事务，纪检监察，公证工作；审计工作；职工人事管理，劳动合同管理，劳动工资和社会保险，职务任免，职称评聘；职工教育与培训工作；医疗卫生工作；后勤福利，住房管理；公安保卫，综合治理，防范自然灾害；外事工作等。

3）经营管理工作形成的文件材料

经营管理类材料包括：企业改革，经营战略决策；计划管理，责任制管理，各种统计报表，企业综合性统计分析；资产管理，房地产管理，资本运作，对外投资，股权管理，多种经营管理，产权变动、清产核资；属企业所有的知识产权和商业秘密及其管理；企业信用管理，形象宣传；商务合同正本及与合同有关的补充材料，有关的资信调查等；财务管理，资金管理，成本价格管理，会计管理；物资采购、保存、供应和流通；经营业务管理，服务质量管理；境外项目管理；招投标项目管理等。

4）生产技术管理工作形成的文件材料

生产技术管理类材料包括：生产准备、生产组织、调度工作；质量管理、质量检测和质量控制工作；能源管理；企业管理现代化和信息化建设，科技管理；生产安全，消防工作，交通管理；环境保护、检测与控制；计量工作；标准化工作；档案、图书、情报工作等。

（三）归档方法

1. 收集

收集的要求是齐全完整，收集范围包括收文、发文和内部文件。

2. 区分年度

单件归档原则上按形成年度归档，所以要区分年度。一系列内容有联系的文件，应尽可能待文件处理完毕后，将相关文件集中在同一年度归档。时间跨度特别长的文件，可以分别在形成的当年即行归档。

3. 分类

单件归档的分类一般采用"年度—机构—保管期限"和"年度—保管期限"两种分类形式。其中，机构的含义是指本单位内设机构并非文件发文单位。

两种分类形式在应用中，要根据工作实际正确选用。如地级市以下的一般立档单位都不适宜按机构分类。因此，除特殊情况外，各立档单位可实行"年度—保管期限"的分类形式。由于以"件"为单位确定期限，因此允许同一事由或问题的文件分散在不同期限。

4. 文件排序

秘书人员先将归档文件材料按三个保管期限分开，不同期限再分别排序。同一期限内，原则上按时间先后排序即可。

为了便于归档文件的集中调阅及特殊情况下的手工检索，一般要将同一个保管期限的文件材料，按照"机构—时间"先后排列，要尽可能将关系密切的（如同一次活动、同一项工作、同一个会议形成的）文件材料排列在一起，尽可能按照职能、问题、关系、责任者、文号等特征，有规律地进行排列，同一文件的不同稿本，正本在前，定稿在后；不同文字的文本，原文本在前，译文本在后。要使文件实体排列尽可能有规律，以备特殊情况下的不时之需。

5. 以"件"为单位装订

归档文件应按件装订。所谓"件"，一般是以每份文件为一件，文件正本与定稿为一件，正文与附件为一件，原件与复制件为一件，报表、名册、图册等一册（本）为一件，转发文与被转发文为一件。有价值的文件处理单应予保留，并与被处理文件作为一件。请示与批复要分别为一件，不能视为一件。装订时，正本在前，定稿在后；正文在前，附件在后；原件在前，复制件在后；转发文在前，被转发文在后；原文在前，译文在后。

归档文件应去除可能生锈的金属物，重新装订。永久、30 年档案可以用无酸纸纸袋套装或不锈钢书钉装订，也可以用棉线装订。短期的文件可以不起钉，按原装订归档。

大于 A4 幅面的文件材料要折叠为 A4 幅面，小于 16 开的材料如介绍信等要托裱，但原已装订成册的除外。托裱要使用宣纸或白纸，不能用废纸；要托为平面单页，不能重叠。

6. 编页数与页码

归档文件的"页数"，是指归档文件的有效页面数，被转发文件、文件的附件、予以保留的文件处理单、文件定稿等，无论其页面大小、原有页码如何编制，均应一并计算总的有效页面数，并准确填入"归档文件目录"。

文件全文中原有页码不连续、不完整或不符合页数计算规范的，应重新编制连续、完整、规范的页码。

7. 编档号

归档文件要逐件在首页右上方或上方的空白处加盖档号章，并填写有关栏目的内容。档号章不可以盖在文件处理单或白纸上。档号章的项目及填写内容如下。

（1）全宗号：档案馆给立档单位编制的代号。档案室如没有全宗号可暂时不填。

（2）类别号：一个立档单位不同门类档案的代号。如文书档案为"A"。此项为必填项。

（3）期限：保管期限，标注该份归档文件的保管期限。如永久（可简写永）、30 年、10 年。此项为必填项。

（4）年度：指归档年度，并非文件成文年度，以 4 位阿拉伯数字标注公元纪年。此项为必填项。

（5）机构：填写文件形成或主办部门的简称或代号，不分机构编档号的单位此栏不填。

（6）件号：以年度为界，每年必须从 1 编起，不能跨年度连续编号，各期限分别编流水号。

8. 编"归档文件目录"及计算机录入

"归档文件目录"包括以下基本项目。

（1）机构：文件形成或主办部门，不分机构编档号的，就不能填写"机构"项。

（2）件号：文件分类排列的编号。

（3）责任者：制发文件的组织或个人，亦即文件的署名者或发文机关。

（4）文号：文件的发文字号。没有发文字号的不填写。

（5）题名：文件的标题，一般应照实抄录。原文没有标题的应当加拟标题，外加"[]"号；原文有标题但不能说明文件内容的，应重拟标题，重拟标题外加"[]"号附于原标题之后。

（6）日期：文件形成的日期。填写时可以省略"年""月""日"字，在表示年、月数字的右下角加"."号。

（7）页数：每一份归档文件本身的有效页面数。

（8）备注：用以标注归档的变化情况或参见档号。

计算机录入首先要选择一套符合公司实际的"档案计算机管理系统"，然后按照"归档文件目录"的基本项目和规范录入，尽量完整准确。录入完毕，要打印出纸质的"归档文件目录"，永久、30年期限的目录需一式两份，10年期限的目录需一式一份。

9. 编档案目录

档案目录是由归档说明、归档文件目录和外加硬质封面组成。

归档说明的内容包括：本年度立档单位主要工作概况，本年度内设机构及机关党、政主要领导人变化情况；本年度文书归档情况（含归档工作的组织情况、文件材料完整与否、档案数量、有何缺陷和问题等）。

不同保管期限的目录必须分别装订，原则上每年应形成3本目录。在实际工作中若立档单位的归档文件较少，其目录也可以在同一期限内按顺序跨年度装订在一本目录硬夹内，即同一本目录内有多个年度、多条流水号。目录夹封面与脊背的项目要填写完整。

除计算机数据以外，归档文件纸质目录的份数，要求打印并装订。永久、30年的纸质目录至少一式两份，其中，一份在档案移交时一并移交到档案馆或文件中心，另一份由立档单位备查；10年的纸质目录可以一式一份，如有特殊需要可以相应地增加目录份数。

除档案目录以外，各单位应根据实际需要，选择编制一些其他的档案检索工具，如"文号档号对照表"、各种常用的专题目录等，以方便日常手工检索。

10. 装盒

装盒就是将归档文件按件号顺序装入档案盒，并填写档案盒盒脊、备考表等项目。

文件必须经过装订或装袋，不得散页装盒。同一个流水号内的归档文件按件号顺序装盒，应尽量装满档案盒，档案总量少或最后文件不足一盒的，可以适当选用较薄的档案盒。但是不同归档年度或不同期限的文件不得同盒。

档案盒盒脊的内容包括全宗名称、全宗号、类别号、机构、年度、起止件号，不按机构归档的机构项目不用填写。由于"盒"不是档案的基本保管和统计单位，因此档案盒不必编制盒号，盒内也不需要编制文件目录。

备考表置于盒内文件之后，项目包括盒内文件情况说明、整理人、检查人和日期。盒内文件情况说明主要填写盒内文件缺损、修改、补充、移出、销毁等情况。整理人是指负责整理归档文件的人员的姓名。检查人是指检查文件整理质量的人员姓名。

11. 上架排列

整理好的档案要按照不同保管期限上架排列，各期限适当留有空间，同期限内档案按年度连续上架，以便管理和移交。

任务二　时间管理

案例导入

上午9点，你准时来到公司，便收到李总的通知，让你制作一份介绍公司的PPT。接到任务后，你就在网上下载了PPT模板开始制作。过了1小时，同事走过来打断了你，邀请你去会议室讨论一下公司的行政用品采购方案。你看了看PPT，觉得时间还早，可以开完会再接着做。一个小时后，终于开完会，你看着之前做的PPT陷入了沉思，竟一时间忘了之前的思路，又开始重新构思PPT框架。这时，同事小何又走了过来，让你把早上李总交给的资料复印几份。你急忙起身，整理好资料跑到复印机处。不巧的是，复印机又卡纸了，于是你又到处找人联系复印机修理师傅帮忙解决，修完打印机后才将资料复印好。这样一上午忙忙碌碌，很快就到了吃午饭的时间，可这时你才发现PPT的框架还没搭好。

思考：

1. 了解时间管理对个人、对工作的意义。

2. 能够发现自己在时间管理上的问题，并着手改进。

一、时间管理的概念

时间管理就是对时间进行有效的控制、安排与计划，以在较短的时间内取得更大的价值和效益。秘书人员因为岗位的特殊性，往往会面对各种复杂的局面和多样化的工作，如果能够合理地安排工作日程，就可以节约大量的时间与精力，使工作更有计划、更有整体性、更有效率。

要想管理好时间，就应该了解时间的特性：

（1）不可再生。时间是不可再生，也不能重复的，孔子曰："逝者如斯夫，不舍昼夜。"时间一去不复返，年华似水不回头，人生无法重新来过，只能珍惜现在。

（2）不可增加。无论你的财富、地位如何，时间给每个人的总量是一样的，每天24小时，每小时60分钟，不会因我们的意志而改变。

（3）只能消耗。任何一项活动都伴随着时间的消耗，同时有赖于时间的累积。

（4）可以控制。我们无法改变时间的流逝和时间的总量，但我们可以控制每一分钟要做的事情，利用有限的时间实现一个个小目标，最终实现人生大目标。

二、时间管理的意义

（1）对于个人，时间管理是能力提升的体现。能不能做好时间管理，往往体现着一个人的自我管理能力、自我控制能力、自我调整能力，有了这样的能力，个人的生存状况就一定会发生改变。事业有成的人，可能成功的原因有很多种，但他们的共同之处就是，都是时间管理的专家。

（2）对于工作，良好的时间管理是提高效能的保证。我们每天的工作匆匆忙忙，但结果并不理想，其主要原因就是我们缺乏效能的意识，把大量的时间耗费在没有价值的事情上。提高效能就是让我们改变思路，利用有限的时间做好最关键的事情。

（3）对于人生，时间管理让我们拥有了和别人一样的机会。我们多数人不是富二代，也不是官二代，似乎我们的机会要比别人少得多，似乎命中注定我们要有更多的付出，但幸好还有这唯一公平的资源——时间，这是唯一对每个人都公平的资源。好好对你的时间加以管理，这样才能弥补并创造出其他的资源，才能改变你的人生，让你的生命更有质量。

三、时间管理的几个基本观点

（一）并不是整天忙碌就叫会利用时间

我们身边经常有些人整天忙忙碌碌，似乎工作非常努力，但是成效甚微。真正的时间管理高手则是有张有弛、缓急适度，能够抓住问题的关键，从而用最小的精力，达到最好的效果。

（二）要学会合理分配时间

时间管理的问题本身不在于时间，而是在于自己如何善用及分配时间。时间管理就是教导我们合理地分配时间，把有限的时间用来解决重要的事情。

（三）严格规定每项工作占用的时间

当你注意每一件工作时，就必须决定该花多少时间在这上面。我们在日常工作中往往只注意开始的时间，不注意结束的时间，以致一项工作往往无休止地占用我们的时间。要学会在每项工作开始的时候就决定完成工作的时间，并且严格执行。比如，我们打开电脑上网查资料的时候，一定要求自己在多长的时间内完成工作，而不能随意在网上闲逛，结果资料没有查完，时间却被大量占用。

（四）要认识到时间管理就是自我管理

时间管理就是对自己行为的有效控制和管理，自我管理就是改变习惯，以令自己更富绩效、更富效能。

📶 小贴士

时间的价值

想要体会"一年"有多少价值，可以去问一个失败重修的学生。

想要体会"一月"有多少价值，可以去问一个不幸早产的母亲。

想要体会"一周"有多少价值，可以去问一个定期周刊的编辑。

想要体会"一天"有多少价值，可以去问眼睛"一闭一睁"的小沈阳。

想要体会"一小时"有多少价值，可以去问一对等待相聚的恋人。

想要体会"一分钟"有多少价值，可以去问一个错过火车的旅人。

想要体会"一秒钟"有多少价值，可以去问一个死里逃生的幸运儿。

想要体会"一毫秒"有多少价值，可以去问一个错失金牌的运动员。

四、时间管理的法则

（一）分类法则（ABCD 法则）

按分类法则可以将所有工作按重要程度和紧急程度进行分类。我们可以按照事情的紧急程度和重要程序来建立一个坐标系。

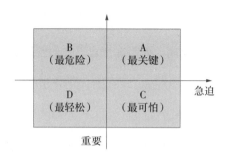

A 类事情，是既重要又紧急的。如果不立即处理就会给工作或生活带来重大影响。

B 类事情，是重要而不紧急的。这类事情看起来不是很紧迫，但是如果不提前做好计划，一定会转变成为 A 类事情，所以说这类事情是最危险的。时间管理的重点就是要处理好 B 类事情。

C 类事情，是紧急却不重要的。这类事情因为紧急，所以我们常常会放在 B 类事情的前面，从而影响了我们的主要工作。因此，这类事情是最可怕的。

D 类事情，是不重要也不紧急的。这类事情有一些是在浪费生命，如看热闹、不良嗜好等；但有一些能够让我们的生命更加多姿多彩，如一些业余爱好、公益活动等，如果能够处理好前三类事情，我们就可以从容不迫地在 D 类事情上增加我们生命的宽度。

我们可以利用ABCD法则排出工作的优先等级，每日从 A 类事情依轻重缓急，循序着手，就能充分利用时间，取得最佳效益。不同类型事情的处理方式如表 3-5 所示。

表 3-5　不同类型事情的处理方式

类型	工作内容	处理方法
A 类	紧急任务 危机事件 突发灾难 安全事故	1. 速战速决 2. 快刀斩乱麻
B 类	有效沟通 培训 / 培养下属 资源管理 技能提升 制定预案 身体锻炼	1. 决胜于庙堂之上 2. 做好预案，防患于未然 3. 授权给下属
C 类	任何非预约事项 干扰电话 /QQ/ 微信 下属请示与报告 日常文件处理 别人找你帮忙	1. 懂得取舍 2. 勇于拒绝 3. 交代下属代劳

类型	工作内容	处理方法
D 类	朋友一起闲聊 / 闲逛 看热闹 无关的会议 一般朋友的社交聚会 一般性应酬 容易沉迷的嗜好（游戏） 网络新闻 / 微博 / 公众号	1. 怡情养性，放松休闲 2. 偶尔放松一下，调节身心

案例

生活中隐藏着一些事情会在不知不觉中耗费我们有限的时间，现在有必要找出这些事情，并有效地防范它们。

1. 缺少目标。

2. 没有顺序。

3. 优柔寡断。

4. 习惯拖延。

5. 专注细节。

6. 事必躬亲。

7. 有求必应。

8. 琐事缠身。

9. 半途而废。

10. 不够整洁。

问题：

1. 分析自己是否有上面描述的几种特征。

2. 将你上一周的工作按照 ABCD 法则列出表格。

3. 根据时间管理的 ABCD 法则，看看你在工作中有哪些地方是可以改进的。

（二）效率法则

时间管理就是要强调如何合理安排时间，并强调单位时间的效率有多高。要提高办事效率可以从以下八个方面入手。

（1）最佳状态，全心专注。

（2）事不宜迟，速度制胜。

（3）第一次就把事情做好。

（4）统筹安排，平行作业。

（5）充分利用，碎片时间。

（6）优化流程，简化操作。

（7）整理整顿，快速定位。

（8）选择效率更高的工具。

（三）分配法则

分配法则即对有限的时间进行合理的分配。分配的依据是根据工作特点、自身特点、时间特点来进行有效分配。

（1）了解自己每天工作时段的特性，并根据自身特性来分配工作。

（2）以 PDCA 循环法来分布周一到周五的工作性质。PDCA 循环，又称戴明环，是美国质量管理专家戴明博士首先提出的，其含义是将质量管理分为四个阶段，即计划（Plan）、执行（Do）、检查（Check）、处理（Action），要求把各项工作按照作出计划、实施计划、检查实施效果，然后将成功的纳入标准，不成功的留待下一循环去解决的工作方法。

（3）根据自己在不同时间段表现出的不同生理特点，来合理安排工作。比如大多数人早上一般精力充沛、兴奋度高，工作效果比较好，但也有一些人习惯在深夜工作，夜深人静时反而效率倍增。

（4）保持良好的体力，养成运动的习惯。

（5）身心均衡地发展，培养良好的嗜好，努力避免那些影响身心的不良嗜好，如沉迷游戏、酗酒等。

（四）计划法则

花时间在计划上才是最节省时间的做法，一个希望合理利用时间的人必须学会制订计划。计划是指根据对组织外部环境与内部条件的分析，提出在未来一定时期内要达到的组织目标，以及实现目标的方案和途径。制订计划就是提前对时间进行合理安排，以期达到最佳结果。

制订计划的几个要点如下。

（1）工作内容：做什么（What）。计划应规定出在一定时间内所要完成的目标、任务和应达到的要求。任务和要求应该具体明确，有的还要定出数量、质量和时间要求。

（2）工作方法：怎么做（How）。要明确何时实现目标和完成任务，就必须制定出相应的措施和办法，这是实现计划的保证。要根据客观条件，统筹安排，将"怎么做"写得明确具体，切实可行。特别是针对工作总结中存在的问题，拟定解决问题的方法。

（3）工作分工：谁来做（Who）。这是指执行计划的工作程序和时间安排。让有关单位和人员知道在一定的时间内，一定的条件下，把工作做到什么程度，以便争取主动，有条不紊地协调进行。

（4）工作进度：什么时间做（When）。明确工作任务的完成期限。

五、时间管理的技巧

（一）如何有效管理时间

有效管理时间的三个级次如下。

1. 初级技巧

（1）保持整洁。充分发挥纸篓的作用；分类存放，及时处理；建立符合自己习惯的资料处置系统；每天规定一段时间专门处理资料；每一件物品放在固定的位置；将无关资料全部清除，只把马上要办的摆在书桌上；照片、玩具不要堆放在书桌上；每天睡觉前将书桌整理好；一份作业争取一次完成。

（2）排除干扰。定期与同事讨论问题，而不是随时；与上级协商制订日程计划，使自己的日程与上级同步；找一个僻静场所处理自己的工作，适当与世隔绝；不在其位，不谋其政，只管该管的事；兴趣爱好放在固定的时间；保持内心宁静。

（3）学会拒绝。理解和同情对方；清楚说明自己的理由；根据自己的时间给予他人帮助和支持；主动结束谈话。

2. 中级技巧

（1）零散时间。会议开始前、塞车时、等待中、火车或飞机上、两个约会的间隔、其他短暂的空隙等。如果能够把这些零散时间利用起来，用于一些琐事或者某些能够分解的事情，积少成多，必定有更大的成就。

（2）高效会议。又无聊又漫长的会议无疑是在浪费生命。要想提高会议的效率，可以考虑以下几点：采用分点而非整点开会；会议主席座位要背对大门；会议的人数越少越好；尽可能采用电话会议或电视会议；会议室不可太过舒适；事先规定发言时间；避免议而不决。

（3）有效授权。对于管理者而言，必须学会将工作分配给下属。这是节约时间、提高效能的关键。

授权的条件：下属的意愿和下属的能力，两者缺一不可。

授权的要求：明确目标，给予培训，指导其做计划，建立信心，通告相关人员，给予好的建议，在关键点上进行检查。

3. 高级技巧

（1）应变与制变。应变就是当问题发生时，被动地做出反应。制变是一种更主动的应对方式。这种应对方式的特点是，有了外在刺激，我们会停下来增加更多可预见的选择，并在对比、衡量多种可能的方案后，选择出最佳方案。如狮子看见羚羊，并不轻易行动，而是在经过判断、选择之后，一击而中，抓住目标。

可以看出，以制变代替应变，让经过选择后的行动去连接通往未来的通道。不断提高自我的认知水平，致力于系统性思考，在众多的选择中，找到最佳方案，并身体力行，改善现有状况。就可以使工作更加有目标，更加有成效，所费的时间也更少。

（2）从结果出发。"以终为始""以结果为导向"的习惯可以适用于各个不同的生活层面，而每一个行动、每一个决定都针对结果的达成和目标的实现，这才是对时间成本最大的利用。

（二）做好日程安排表

1. 事项清单
每天上班第一件事，罗列"待完成"事项清单。

（1）清单的来源。月/周目标的分解或计划的安排；各种临时插单/紧急任务；已经预约的安排；各种未完成事项（历史累积）；生活/家庭/情感等琐事或安排。

（2）临时插单或预约的处理和提醒。随时记录，避免事项的遗漏；预约事项安排到对应的日历日期；临时插单（一般都很重要）根据缓急程度安排；所有新增事项汇总到"待完成"事项清单中。

2. 优先排序
将"待完成"清单中与最后期限最接近的事项列举出，根据"ABCD"分类法进行排序和安排，归入每日事项安排表。

3. 安排与实施
（1）时间安排。将已经排序的事项，进行时间分配（设置最后期限）；可以统筹安排的事项，尽可能统筹安排。

（2）具体实施。每天挑战自己，提高效率——增加生命的宽度；琐碎时间/等待时间，充分利用（学习、沟通、思考、休息）。

4. 每晚回顾
（1）检查效果。当天工作按照效能"ABCD"四象限归类，检视自己的时间管理状况，及时调整；不断进步，直到形成习惯。

（2）整理清单。每天晚上/每周结束时整理；完成的工作划掉/删除（OA系统中保留）；新增工作加入待完成清单；可明确日期的事项，放入对应的日历项。

5. 完成时间表

有具体时间要求的事项，按时间要求安排；无时间要求的事项，按重要程度进行排序。主要工作安排在重要的时间段，次要工作安排在次要的时间段；既要注意节约时间，提高效率，又要注意劳逸结合，有张有弛；既保证任务完成，又使得身心愉悦；留一定的自主支配时间，处理个人事务；时间表制定之前，应征求上司及有关人员意见；如需对时间表进行调整，一定要提前安排好。

学生自评表

序号	技能点/素质点	佐证	达标	未达标
1	掌握关键概念	能够了解文书处理的内涵和时间管理的概念、原则		
2	文书处理	能够绘制文书处理的流程图		
3	文件归档	能够对实训任务中的发文材料进行归档，做到齐全完整		
4	沟通与交流	能够顺利与他人交流，根据实训案例完成文书处理和时间管理工作		
5	团队合作	能够进行有效的团队合作，并充分发挥成员各自的特点，互帮互助，共同完成任务		
6	文书拟写	能够借助网络收集资料素材，拟写公文，行文流畅、格式正确		
7	时间管理	能够制定假期的值班表以及领导的周行程安排表，做好时间管理		
8	数字办公技术的应用能力	能够利用办公软件制作红头文件，并进行发文		

教师评价表

序号	技能点/素质点	佐证	达标	未达标
1	掌握关键概念	能够了解文书处理的内涵和时间管理的概念、原则		
2	文书处理	能够绘制文书处理的流程图		
3	文件归档	能够对实训任务中的发文材料进行归档，做到齐全完整		

续表

序号	技能点 / 素质点	佐证	达标	未达标
4	沟通与交流	能够顺利与他人交流，根据实训案例完成文书处理和时间管理工作		
5	团队合作	能够进行有效的团队合作，并充分发挥成员各自的特点，互帮互助，共同完成任务		
6	文书拟写	能够借助网络收集资料素材，拟写公文，行文流畅、格式正确		
7	时间管理	能够制定假期的值班表以及领导的周行程安排表，做好时间管理		
8	数字办公技术的应用能力	能够利用办公软件制作红头文件，并进行发文		

子项目四　市场调研

任务一　信息收集

案例导入

　　为了更加深入地了解消费者的消费需求，收集消费者的购物倾向信息，并以此为依据来优化公司的产品设计和定位，某公司客户部以访谈为主要方法，计划、开展一项以"消费者购物倾向研究"为主题的市场调研活动，并且在展开具体工作之前做了大量的准备工作，比如确定了调查课题、提出了研究假设、组建了调查研究队伍，并对整个调查研究进程的每一个具体阶段进行了相当详尽的计划与安排，但是缺少了对访谈提纲的准备。结果，经过一段时间的调查实践之后，各调研人员都发现自己在与调查对象面对面互动的过程中，不知道该问什么问题，常常出现"冷场"的现象，导致此次调研活动很不成功。

思考：

1.结合案例，讨论此次市场调研活动失败的主要原因是什么？

2.常见的信息收集方法有哪些？

实训任务

"市场调研"实训任务单

项目	三		任务名称	市场调研	
实训课时	10	实训地点		指导教师	
实训学生					
实训目的	了解市场调研过程，能与他人合作完成数据分析和报告撰写。				
提交材料	1.信息收集（3 000）：调查问卷模板（1 000）、调研报告模版（1 000）、信息整理（1 000）。 2.调研报告（8 000）：问卷设计（3 000）、数据分析（2 000）、调研报告（3 000）。 3.汇报（2 000）：PPT汇报（2 000）。				

续表

事务所 实训反思	事务所工作分工如下: 在工作过程中,比较困难的事情有: 改变这种困难的状态可以采取以下方法: 使我们项目的工作更加高效的做法:

实训任务: 市场调研(13 000)

　　秘书事务所现在准备开展业务拓展,经过董事会讨论决定,计划利用现有设备和人员进行对学校文秘专业满意度和认可度的调研,需要设计企业调查问卷、家长调查问卷、毕业生调查问卷、在校生调查问卷、教师调查问卷五类,请秘书事务所按照五类问卷分配任务,做好问卷设计、分发、统计等工作,最终形成五份调查报告。

任务:

　　1. 根据调查内容设计一份调查问卷。

　　2. 采用多种方法进行调研,收集数据。

　　3. 根据数据制作调查数据统计表。

　　4. 分析数据,拟写一份调查报告。

　　5. 制作 PPT 进行汇报。

一、信息收集的范围与原则

(一)信息收集的概念

　　信息收集是人们根据工作的需求,通过不同渠道和方式,遵循一定原则,采用一定的方法获取有关信息的过程。信息收集是秘书信息工作的关键环节,秘书人员必须予以高度重视。

(二)信息收集的程序

1. 明确信息收集的目的

　　信息收集的目的就是为某项工作服务,是出于某种工作的要求。这是信息收集的出发点和归结点。信息服务工作内容的紧急程度决定信息收集工作的紧急程度。信息收集需要有目的性、有计划性地进行。

2. 确定信息收集范围

　　收集信息前,秘书人员要先分析需要哪些范围的信息,把握领导工作的信息需求范围。切忌漫无边际、毫无系统性地收集信息,要有选择性地收集工作所需的对口信息,为工作选择有价值的信息，切忌"眉毛胡子一把抓"。否则，秘书人员收集一些无关的信息，既会增加自己的工作量，又会干扰领导对信息的选择。

3. 选择信息收集途径

信息可以通过不同的途径进行收集，秘书人员可以根据所需信息的特征、数量等决定收集途径。如信息检索，可以用关键词途径、篇名途径、主题途径或作者途径等。

（三）信息收集的范围

1. 企业信息

企业信息包括以下内容。

（1）企业基础资料，包括企业历史、基本状况简介、规章制度、经营业绩、科研成果、各项荣誉等。

（2）企业概况，包括企业的名称、性质、地址、电话及传真、网址、业务范围、主要产品、近年业绩情况等。

（3）企业财务状况，包括企业注册资本、负债情况、盈利状况。

（4）企业信誉与信用等级情况。

（5）企业背景，包括企业文化、企业组织结构、股东情况及股东变化、企业领导层及主要领导人情况。

（6）企业经营活动信息，即企业开展各类经营活动的动态信息，包括：产品研发、生产、上市、销售等环节的信息；生产工艺革新、生产设备更新的信息；公关宣传活动、企业文化建设活动等信息。

2. 合作伙伴信息

企业的合作伙伴主要有：

（1）为企业提供原材料、技术、能源、生产设备的供应商。

（2）从事企业产品或服务代理、批发、零售业务的销售商。

（3）为企业的经营管理提供物流、金融、咨询、市场推广、研发等各项服务的服务商。

秘书人员应收集企业所有合作伙伴的信息，包括合作伙伴的企业概况或组织概况、财务状况、信誉与资信、企业经营状况、企业背景等信息。

3. 市场信息

市场信息包罗万象，大致可以分成以下几类，见表3-6。

表 3-6 市场信息收集

市场信息分类		市场信息收集项目
市场环境信息	购买力	消费者收入水平，投资及影响因素，居民储蓄，消费者收支构成及变化，对各种商品的消费情况及新的要求，国家基本建设投资规模和重点，企业的效益情况，社会集团购买力
	市场需求量	现实需求量和潜在需求量，某产品的消费者数量，消费者的增减情况，对某产品的购买数量、次数、时间、习惯等
	市场需求结构	一定地区、一定时间内，衣、食、住、行、用商品的结构，各种商品的花色、品种、质量、数量、规格、价格等方面结构，高、中、低不同档次商品的结构，市场和商品细分引起需求变化的因素，需求变化的趋势
	人口情况	某一范围的人口规模（总人口、家庭数量、家庭平均人口等）、人口构成（姓名、年龄构成及质量、地理分布）、教育程度、民族差异、风俗习惯、生活方式、家庭信仰、社会价值观等
	竞争环境	直接（间接）的竞争对手的竞争程度，竞争对手的生产规模、经济效益等，产品特点、成本、分销渠道、经营方式，售后服务，客户反应，市场占有率，应变能力等
消费者信息	购买动机	求实、求新、求美、求廉等
	购买行为	理智型、经济型、感情型、冲动型、疑虑型、定点型、试用型等
	购买心理	习俗心理、好奇心理、偏爱心理、便利心理、求名心理、经济心理、从众心理、美观心理等
促销手段	广告宣传	**制作前：**消费者的收入、需求水平、文化程度、广告意识、生活方式、兴趣爱好等，消费者使用同类产品的情况，与同类产品相比的独特之处，影响广告效果的各种因素等 **制作后：**是否引起人们的注意和兴趣，什么人看过、听过，留下印象最深的是哪部分人，是否因此产生购买欲望或最终购买商品和服务，消费者对广告的印象、记忆、信任程度，销售量的变化情况等
	人员推销	通过面谈、电话、通信等促销情况，通过展示产品、现场操作表演、帮助挑选、包退包换、帮助安装调试、维修等促销情况，促销人员与消费者的关系等
	营业推广	采取赠送样品等具体的方式后，消费者的反应、销售额的增加幅度、市场占有率的变化、在竞争中的地位、消费者改变消费意向及改用本产品后的情况
	公关活动	各种公关活动方式，公众的理解、信任与支持程度，中间商、消费者的接受和购买情况等

市场信息分类		市场信息收集项目
产品信息	产品实体	产品设计，产品和产品组织，产品的规格、质量、价格、图案、味道、式样、系列、类型、性能，使用的原料、材料，维修方便，商标便于记忆、富于联想，消费者对产品的评价、意见、要求等
	产品包装	装饰作用、保护作用、宣传作用，包装材料的质地、是否便于回收，包装费用，消费者对包装的态度，包装是否易于储存、运输、拆封等
	产品生命周期	导入期、成长期、成熟期、衰退期
	产品价格信息	新产品投放市场的反应、定价策略、产品差价、定价是否合理、影响价格变化的各种因素、竞争者对价格变化的反应、消费者对价格变动的可接受程度、替代产品及价格

4. 法律政策信息

秘书人员不仅要收集我国现有的与企业活动相关的法律政策，还应注意收集与企业有业务往来的其他企业所在地的法律政策以及当地的法律咨询机构。

5. 经济信息和金融信息

经济信息包括宏观经济动态、国家经济政策和经济发展导向等。金融信息包括国内外金融动态、外汇汇率变化、国际国内证券市场行情、贸易对象国利息汇率情况和投资信贷信息等。

6. 交际活动信息

不管是为一位领导提供服务，还是同时为几位领导提供服务，对领导的作风、性格、办事习惯、起居规律、思维路子、语言特点和生活爱好，甚至他的工作经历，秘书人员都应当了解得清清楚楚。这样，秘书人员就可以把服务工作做到恰到好处，就容易配合协调、节拍一致。凡是企业领导要参加的各种交际活动，秘书人员都要及时掌握相关方面的信息。秘书人员要迅速地掌握会见活动的内容、时间、地点、具体要求等情况，设法掌握对方的背景材料、生活习惯、饮食特点、嗜好、忌讳等情况。

（四）信息收集的原则

1. 目的性原则

目的性原则是指信息的收集必须有明确的目的，必须根据具体任务和实际需要，有的放矢地收集信息。

2. 准确性原则

准确性原则是指信息的收集必须准确，不准确的信息不仅浪费人力、物力和时间，甚至会导致决策失误，造成巨大的经济损失。

3. 系统性原则

一般来讲，信息的产生和传播具有零散、断续的特点，它不是一次性地集中发出，而是在时间上有间隔、内容上不完善。因此，多方拓展信息来源，注意信息的积累，加强信息的系统性，是提高信息质量的一个重要因素。

4. 时效性原则

时效性是信息所具有的一个极重要的属性，信息如果不具时效性，也就失去或减弱了使用价值。保证信息收集及时有效的办法，就是积极做好信息预测工作，抓潜在信息，走在时间的前面。

5. 全面性原则

地区不同，部门不同，各种社会或经济活动不同，信息的生成量密度和含量也不相同。因此，秘书人员在信息收集时，必须采取多种方法，进行上下、左右、前后的全面收集，并把收集对象的相关因素联系起来综合考虑，找出其中的共性和规律。

6. 道德性原则

信息工作是在一定的理论基础上进行的科学创造工作，不是商业间谍活动，因此秘书人员在收集信息时应注意不能违反道德性准则。

二、信息收集的渠道与方法

（一）信息收集的渠道

信息收集的渠道是指秘书人员用于信息收集的途径和通道。信息收集的渠道是多种多样的，归结起来，主要有外部渠道和内部渠道两个方面。

1. 外部渠道

（1）国内信息渠道。国内信息渠道大体有以下几种。

①政府信息网络。现有不少省市（甚至县）都建立了以办公厅为中心的纵向（省、市、县）和横向（各厅局、部委）的信息网。

②大众传播媒介，即由报刊、广播、影视、出版等部门构成的信息渠道。

③社会专业信息机构，如各种类型和层次的图书馆、情报机构、档案馆、博物馆，以及近年来成立的信息中心和各种咨询机构。

④国内各企业，各大专院校，各专业的学会、研究会、协会等及科研机构。

⑤各种形式的会议，如研讨会、报告会、技术鉴定会、新闻发布会、展览会等。

⑥本企业在全国各地的销售网点或代理机构。

⑦各种生活娱乐场所，如电影院、剧院、宾馆、饭店、餐厅、舞厅等。

⑧各种文书，包括来文、指示、报告及各种内参、快报、简报等。

（2）国外信息渠道。国外信息的渠道主要有以下几种。

①国外各种有关的报刊、影视、出版物等。

②国外各有关专家组织、企业集团、国际金融机构、公关咨询机构等。

③国外各有关代理机构及国外设点。

④各类专业性的国际会议等。

⑤外国公司、商社、科研机构、院校等。

⑥外国及国际组织驻华使（领）馆、办事机构及外国驻华商社的新闻发布会等。

⑦与友好人士的交往及同相关团体与组织的交流等。

2. 内部渠道

（1）企业的计划与总结。

（2）企业的经营策略和经营预测、决策资料。

（3）企业的经济活动分析资料，如财务活动分析、生产情况分析、销售情况分析、业务活动分析等资料。

（4）企业的各种数字记录，会计记录（资金来源、资金使用情况、财务情况、经济成果情况）、统计记录（生产情况、销售情况）、业务记录（各种业务活动包括对外交流业务活动）等。

（5）企业内部简报。

秘书部门的信息收集渠道很多，关键在于是否善于利用、善于积累。

（二）信息收集的方法

信息收集的方法有多种类型，根据收集途径的不同，可以划分为正式途径收集方法和非正式途径收集方法；根据秘书人员的显性特征，可以划分为公开收集方法和秘密收集方法等。总的来说，主要有以下七种基本收集方法。

1. 观察法

信息收集的观察法，是指秘书人员通过现场观察来收集信息的一种方法。观察有多种类型，根据观察者是否参与被观察者的活动，可以分为参与观察与非参与观察；根据观察内容是否有统一设计的、有一定结构的观察项目和观察要求，可分为有结构的观察和无结构的观察；根据观察对象所处的环境状态特征，可以分为自然状态中的观察和人为情景中的观察等。这些方法都有各自的适用范围，在一般情况下，往往需要综合地运用这些方法，以达到快速、准确地收集信息的目的。观察法大多是在观察对象没有任何觉察的情况下进行的，因此较为客观。但它只能了解观察对象的行为活动，而不能看出观察对象的内心世界和了解观察对象的动机、态度、目的等，因而显得不够深入。此外，观察法不仅适用于对人的观察，而且适用于对物的观察。

2. 询访法

信息收集的询访法是信息收集中最常用的方法之一，它是指秘书人员通过向受访者提问请对方作答的方式来获取信息。询访法按其所采用的方式与手段，可以分为面谈询访、电话询访、书面询访等。询访法按其有无固定格式与意图的显隐性情况，可分为四种形式：①有固定的询访格式，受访者的意图公开，如公开的正式询访等；②有固定的询访格式，受访者的意图不公开，如隐秘的询访等；③无固定的询访格式，受访者的意图公开，如日常的打听情况等；④无固定的询访格式，受访者的意图不公开，如通常所说的"探口气"等。此外，询访法还可以根据访谈人数的多寡分为个体询访法和集体询访法。一般来说，收集简单的、时效性强的信息，以电话询访为好；收集涉及面广、深度要求高的信息，则以面谈询访为佳；涉及不便当面交谈的内容的信息，则以书面询访为宜。

3. 问卷法

信息收集的问卷法，是指由秘书人员向被调查者提供问卷，并请其对问卷中的问题作答而收集信息的一种方法。问卷是信息收集的一种重要工具，它的形式是一份精心设计的问题表格。美国社会学家艾尔·巴比称"问卷是社会调查的支柱"。问卷依其填写者的类型可以分为自填问卷和访问问卷两种。自填问卷即由被调查者自己填答的问卷，而访问问卷则是由秘书人员根据被调查者的口头回答来填写的问卷。问卷法作为信息收集的方法之一，具有许多不同于其他方法的特点。问卷法的优点：可以节省时间、经费和人力；具有较好的匿名性，有利于收集真实的信息；所得的信息资料便于定量处理和分析；可以避免秘书人员的主观偏见，减少人为误差。问卷法的主要缺点：回收率难以保证；被调查者必须具有一定的文化水平才能作答；由于被调查者填写问卷时，往往没有秘书人员在场，因此，获得的信息资料的质量往往难以保证。

4. 量表法

信息收集的量表法，是指运用测量量表来收集信息的一种方法。量表是适用于较精确地调查人们主观态度和潜在特征的工具，它由一组精心设计的问题构成，用以间接测量人们对某一事物的态度、观念或某一方面所具有的潜在特征。我们知道，人的态度、观念和某些潜在特征都具有隐匿性和模糊性，有时连自己也难以发现。因此，调查人的态度、观念和某些潜在特征并非易事，尤其以直接的方式很难达到目的，这就需要采用间接的方法，如量表法等。量表也具有多种类型，按测量内容分类，主要有态度量表、能力量表、智力量表、人格量表、意愿量表等；按其作用分类，主要有调查量表和测验量表；按其设计方式和形式分类，则有总加量表、累积量表、共通量表和语义差度量表等。秘书人员可以根据不同的目的、要求，结合实际情况选择使用不同的量表。

5. 购买法

信息收集的购买法，是指付出一定的代价，通过购买有关信息载体而收集信息的一种方法。它是组织获取外部信息的常用方法之一。按购买的信息载体的类型不同，购买法可以分为文献信息载体购买和实物信息载体购买两种类型。文献信息载体购买的方式一般包括现购、邮购、托购、有偿征集等。图书、期刊、杂志、报纸，可以到出版社、杂志社、报社、书店或邮局现购或订购；缩微型文献可以通过特定的缩微中心购买；视听型文献可以到音像出版社、音像书店及有关文献信息机构购买；机读型文献一般是在市场上销售的记录在光盘上的应用软件或应用软件包，主要可以通过计算机技术开发公司或信息中心购买，但其中的信息中心的数据库系统一般可供各种组织检索利用，无须进行购买；样本、专利、图纸、内部资料等则可以向研究开发机构或有关信息中心购买。实物信息载体主要是指样品或具体的产品等。购买实物收集信息主要为组织的技术部门和科技信息部门所重视。

6. 检索法

信息收集的检索法，是指利用信息资料检索工具，从现成的信息资料文档中查检有关信息资料的一种方法。根据检索工具的不同，检索法可以分为手工检索和计算机检索两种类型。手工检索是广泛收集相关信息资料，按一定体制系统编排，以供人们迅速查找到特定信息资料的文档，主要检索目录、索引、文摘等二次文献和年鉴、手册、百科全书等三次文献。手工检索在现阶段仍然是秘书人员进行信息检索的主要方式。计算机检索是通过计算机终端从计算机信息库中查找已有信息资料的方法。计算机信息检索与手工检索一样，既可以用于查找符合特定需求的具体信息，又可以用于查找信息的线索。计算机检索的基本原理与手工检索的基本原理是一致的，但两者存在存储方式与检索手段上的区别。计算机检索在我国现阶段已发展到大规模使用阶段，目前大量的统计数据库系统、企业数据库系统、产品数据库系统、市场行情数据库系统及金融数据库系统正处于开发和完善之中。秘书人员已能通过计算机检索到全国各地甚至世界范围内主要信息库中存储的各种数据和信息。

7. 交换法

信息收集的交换法，是指组织的信息部门以自己拥有的资料、样品等与有关对口单位进行相应的交换，从交换得来的资料、样品等信息载体中获得所需信息的一种方法。交换法是组织获得自身所需的信息的重要方法之一，也是各兄弟单位之间进行信息交流的一种重要方式。它不仅能使组织获取许多难得的信息，还能节省许多收集时间，在国际交换方面，一般可以提前半年或一年得到最新资料。由于信息交换通常是对口交换，因此，所得到的信息大部分都是及时的和适用的。信息交换可以分为两大类型，即国内交换和国际交换。无论是哪种类型，都应以对口、互利、合乎国家法律和有关政策规定为原则。在正式建立交换关系后，应印制交换卡，及时排检，并经常检查交换的情况和效果，对交换单位进行筛选，稳妥地终止不对口的交换关系，及时与新的对口单位建立交换关系，不断改进信息交换工作，以提高信息交换的效益。

三、信息收集后的整理

（一）信息整理的相关概念

信息整理是对原始信息进行筛选、分类、校核，使其成为有价值的信息的过程。信息整理工作是对收集到的原始信息去粗取精、去伪存真、由此及彼、由表及里的改造加工，是整个信息工作的核心。

信息筛选是对信息的再选择，表现为对收集到的大量信息进行鉴别和选择，去粗取精、去伪存真，摒弃虚假、无效的信息，提取真实、有价值的信息。

信息分类是根据信息所反映的内容性质和其他特征的异同，把信息分门别类地组织起来的一种科学方法。

信息校核是对经过初步甄别的信息作进一步的校验核实。由于信息的来源、信息的传播渠道难免受主客观因素的干扰，秘书人员需要对信息进行校核，对信息是否失真加以认定，要分析考评原始信息的可靠性和准确性，从而剔除虚假和失真的信息。

（二）信息筛选

1. 信息筛选的内容

信息筛选包括鉴别、选择和剔除三个部分。

（1）鉴别，即判断信息的真实性、全面性、适用性等。真实性鉴别，即甄别信息资料的真伪；全面性鉴别，即检验信息资料的完整程度；适用性鉴别，即确定信息资料的适用程度和价值大小。

（2）选择，即择取适用性强、价值大的信息，一般是对工作有指导意义、与业务活动密切相关的信息，特别是新颖、及时的相关信息。这些信息是有效信息，是领导决策的重要依据。

（3）剔除，即删除不适用、价值小、无价值的信息，包括虚假信息、类同信息、重复信息、过时信息，以及与内容无关的信息。这些信息大都是无效信息，是干扰信息，会影响领导的决策。

2.信息筛选的方法

（1）复印、剪裁，即秘书人员对能满足需求的相关信息进行阅读，将阅读到的有价值的信息复印或剪裁。

（2）摘记，即秘书人员将有保存价值的信息摘录到手册或卡片上。

（3）标记说明，即秘书人员对筛选后的信息进行标注、注释或说明，注明已被剪裁的信息的日期、出处。

3.信息筛选的程序

（1）看来源。信息的来源包括上级、同级和下级，上级形成的信息带有全局性、综合性和权威性，而同级和下级形成的信息主要起参考作用。

（2）看标题。信息的标题一般可以反映信息的内容和价值，秘书人员要认真分析信息的标题，把握信息的主题，根据信息的标题确定信息价值的大小。

（3）看正文。秘书人员要浏览正文，了解其主要内容，初步确定是全部选用，还是部分选用，或是不用。

（4）决定取舍。秘书人员要对信息严格选择，从中挑选出能满足需求的信息。秘书人员最终决定取舍的时候要注意三个方面：是否突出主题思想；是否具有典型性；是否有新意。

（三）信息分类

1.信息分类的方法

信息分类的方法繁多，下面简单介绍三种信息分类方法。

（1）主题分类法，是指按照信息概念、主题和标题特征来组织排列信息的方法。主题分类法可以按多级主题分类。信息中最重要的主题名称作为分类的首要主题，次要主题作为第二主题，以此类推。

主题分类法的优点在于检索方便，相关主题的信息材料集中存放，便于相关信息的查找和利用。主题分类法的缺点在于主题与标题容易混淆，主题不易确定，归类难以准确。

（2）字母分类法，是指按照字母前后顺序排列进行分类。第一个字母不同的，按第一个字的字母前后次序排列；第一个字母相同的，则按第二个字母顺序排列。

字母分类法的优点在于方法简单易行，操作方便。字母分类法的缺点在于按字母分类的信息，对于信息的主题针对性不强，当相同字母的字较多时，查找花费时间长，使用不方便。

（3）数字分类法，是指按照每个信息被赋予的号码次序或大小顺序排列的方法。

数字分类法的优点在于数字规则简单，一目了然，简便易行，适于存储。数字分类法的缺点在于查找信息需要参照索引卡，花费时间，如果分类号码有误，则会导致查找信息麻烦。

2. 信息分类的程序

（1）熟悉信息内容。秘书人员首先应查阅信息，从题目和内容中了解信息的总体构成情况，并熟悉信息的具体内容。

（2）选择分类方法。信息分类的方法很多，秘书人员要根据信息的来源、数量、内容和各种分类方法的特性，考虑单位业务工作的需要，从便于保管和利用的角度出发，选择分类方法。

（3）分类，是指秘书人员对各种信息按照一定的标准进行类别划分，分类的依据是信息的特征。

（4）归类，是指秘书人员遵循特定的原则和方法，按照信息的不同内容、来源、时间、性质和作用，根据一定的规范、要求，把收集到的信息分门别类地组织起来，使信息条理化。

（四）信息校核

1. 信息校核的方法

（1）溯源法，是指秘书人员对收集到的信息所涉及的有关问题进行审核查对时，首先要溯本求源。

（2）比较法，就是对照事物，比勘材料，即秘书人员对反映某一事实的各方面的信息材料进行比较，判断说法、结论是否一致。

（3）核对法，是指秘书人员依据直接的、最新的权威性材料，进行对照分析，发现并纠正信息中的某些差错。

（4）逻辑法，是指秘书人员对信息中表达的事实和叙述方法进行逻辑分析，发现问题和疑点，从而辨别真伪。

（5）调查法，是指秘书人员对信息中所表达的事物的运动变化情况，通过现场调查来验证其真实性和准确性。

（6）数理统计法，是指秘书人员对原始信息中的数据和定性分析，运用数理模式进行计算鉴定，看数据计算是否准确，分类是否合理，是否和结论一致。

2. 信息校核的程序

（1）确定校核的内容。收集到的信息材料并非都要进行校核，信息校核的范围主要有事实、观点、数据、图表、符号、时间、地点和人物等。

（2）选择校核的方法。秘书人员要灵活运用各种方法，根据实际工作需要选择最恰当的方式。

（3）核实、分析信息。秘书人员利用掌握的第一手信息和权威性材料，进行实地调查，对收集的信息材料的某些事实进行核实，分析信息材料的内容。

（4）作出判断。秘书人员通过核对、计算、定性（定量）分析和逻辑推理，判断信息的真实性、可靠性，剔除虚假和失真的信息。

任务二　市场调研

案例导入

作为新上任的总经理秘书，小王接到一个新任务是为公司即将开拓的新市场准备一份详尽的调研报告。小王首先制订了详细的调研计划，包括市场分析、竞争对手研究、消费者需求调研等几个方面。她利用公司的数据库资源，收集了大量的行业报告和数据分析，同时，她还决定走访几家在该领域已颇有建树的企业，进行面对面的交流学习。收集完所有信息后，小王开始对数据进行整理和深入分析。她将数据进行分类、对比，绘制成图表，力求让报告既专业又易于理解。随后，她又将调研结果系统地整理成文档，用清晰的逻辑和生动的语言阐述了新市场的现状、机遇与挑战，以及公司应如何制定策略以抓住这些机遇。她还特别设计了几页精美的图表，让报告更加直观易懂。完成报告后，小王邀请了几位同事进行预审，并根据反馈进行了最后的调整。

几天后，总经理在全体会议上高度赞扬了小王的调研报告，称其为"公司决策的宝贵参考"。这份报告不仅为公司指明了发展方向，也为小王赢得了同事的尊重和认可。更重要的是，通过这次经历，小王不仅锻炼了自己的调研能力，更深刻理解了团队合作和持续学习的重要性。

思考：

1.理解调研报告对企业经营发展的意义。

2.如何提高调研报告的准确性和可靠性？

一、市场调研概述

市场调研是一种系统性的数据收集与分析过程，旨在深入了解目标市场的特征、消费者需求、竞争态势、市场趋势及潜在的市场机会与风险。通过市场调研，企业能够基于实证数据作出更加明智的决策，从而优化产品、定价、促销和分销策略，提升市场竞争力。市场调研的意义是使基于实证数据的决策更加可靠，有助于避免盲目投资和资源浪费，以降低决策风险；通过深入了解市场和消费者，企业能够制定更加精准的市场策略，以提高市场竞争力；市场调研能够揭示消费者的新需求，为产品创新提供灵感，以促进产品创新；根据市场调研结果，企业可以更加合理地分配资源，提高运营效率，以优化资源配置。

二、市场调研目的

开展市场调研，发现未被满足的消费者需求或新兴的市场趋势，识别市场机会；确定目标市场的潜在销售量和增长潜力，评估市场规模；掌握消费者的购买偏好、购买动机和决策过程，了解消费者行为；识别竞争对手的优势与劣势，评估自身的市场地位，分析竞争环境；基于市场调研结果，制定有效的市场进入、产品推广和品牌建设策略，制定营销策略。

三、市场调研类型

市场调研类型主要有四类。

（一）探索性调研

初步了解市场概况，识别需要进一步深入研究的问题。

（二）描述性调研

详细描述市场特征，如市场规模、消费者构成、产品使用情况等。

（三）因果性调研

探究市场变量之间的因果关系，如价格变动对销量的影响。

（四）预测性调研

基于历史数据和市场趋势，预测未来市场的变化。

四、市场调研方法

（一）二手资料研究

收集和分析已有的研究报告、行业数据、政府出版物等。

（二）定性研究

通过深度访谈、焦点小组讨论、案例研究等方法，获取消费者对产品、服务或市场的看法和感受。

（三）定量研究

通过问卷调查、实验设计、观察法等方法，收集可量化的数据，用于统计分析。

五、市场调研步骤

（一）确定调研目标

明确调研的目标和需要解决的问题。

（二）设计调研方案

选择合适的调研方法、确定样本规模和选择调研工具是市场调研成功的关键步骤。

1. 选择合适的调研方法

在选择调研方法时，需要考虑调研目标、预算、时间限制和目标市场的特点。常见的调研方法包括下述几点。

（1）在线问卷调查，适用于大规模样本、成本较低、易于分析，但可能面临回收率低和样本代表性不足的问题。适合对消费者行为、产品满意度等进行量化研究。

（2）电话访问，能够直接与受访者交流，获取更深入的信息，但成本较高，且可能受到时间限制和受访者配合度的影响。适合对特定群体进行深度调研。

（3）面对面访谈，能够获取最真实、最深入的信息，但成本最高，且受地域和时间的限制较大。适合对重要客户或专家进行深度访谈。

（4）焦点小组讨论，能够激发参与者的讨论和互动，获取多元化的观点，但可能受到群体动态和主持人技能的影响。适合探索消费者需求、产品概念测试等。

2. 确定样本规模

样本规模的大小直接影响调研结果的准确性和可靠性。

（1）确定样本规模时，需要考虑以下因素：

①总体大小：总体越大，所需的样本规模也越大。

②置信水平：置信水平越高，所需的样本规模也越大。一般选择95%的置信水平。

③抽样误差：允许的抽样误差越小，所需的样本规模越大。

④预算和时间限制：预算和时间也是影响样本规模的重要因素。

（2）常用的确定样本规模的方法包括以下两种：

①经验法则：根据以往的经验或行业标准来确定样本规模。

②统计公式：如科克伦公式等，可以根据总体大小、置信水平和抽样误差来计算样本规模。

3. 选择调研工具

选择合适的调研工具对于提高调研效率和准确性至关重要。常见的调研工具包括以下几种。

（1）在线调研平台，如问卷星、腾讯问卷等，提供问卷设计、发布、回收和分析的"一站式"服务，适用于大规模在线调研。

（2）电话访问系统，如CATI（计算机辅助电话访问）系统，能够自动拨号、记录访谈内容和数据分析，提高电话访问的效率。

（3）面对面访谈工具，如录音笔、笔记本等，用于记录访谈内容和观察结果，适用于深度访谈和焦点小组讨论。

（4）数据分析软件，如SPSS、Excel等，用于对收集到的数据进行整理、分析和可视化呈现，提高数据分析的效率和准确性。

（三）收集数据

实施调研计划，收集一手资料和二手资料。

1. 调研计划具体步骤

（1）预调研，在小范围内进行预调研，以测试调研问卷或访谈大纲的有效性和可行性，及时调整和完善。

（2）正式调研，根据预调研的结果，对调研问卷或访谈大纲进行最终确定，并开始正式调研。确保调研过程中数据的真实性和准确性。

（3）监控与调整，在调研过程中，密切关注数据收集的情况，如遇到问题或异常，及时进行调整和改进。

2. 收集一手资料和二手资料

1）一手资料

①问卷调查，通过设计并发放问卷，直接收集目标受众的意见、需求和偏好。

②深度访谈，与受访者进行面对面的交流，深入了解受访者的观点、态度和行为。

③观察法，直接观察目标市场的现象、行为和产品使用情况，获取第一手资料。

2）二手资料

①行业报告，查阅相关行业的市场研究报告、数据分析和趋势预测。

②政府出版物，收集政府发布的统计数据、政策文件和法规条例。

③公开媒体，关注新闻、社交媒体和论坛等公开渠道的信息，了解市场动态和消费者反馈。

（四）数据分析

对收集到的数据进行整理、分析和解释。

1.数据整理

（1）数据清洗，去除重复、无效和错误的数据，确保数据的准确性和完整性。

（2）数据编码，将收集到的数据转化为可分析的格式，如将文本数据转化为数值数据。

（3）数据分类，根据调研目的和数据类型，对数据进行合理的分类和归档。

2.数据分析

（1）描述性统计，通过计算平均值、标准差、频率分布等指标，描述数据的整体特征和分布情况。

（2）推断性统计，利用假设检验、回归分析等方法，探究数据之间的关联性和规律性。

（3）数据挖掘，运用机器学习、聚类分析等技术，发现数据中的隐藏模式和趋势。

3.数据解释

（1）解读分析结果，根据数据分析的结果，提炼出关键信息和结论，解释数据背后的含义和原因。

（2）形成报告，将数据分析的结果以清晰、简洁的方式呈现出来，包括图表、报告和演示文稿等形式。

（3）提出建议，基于数据分析的结果，提出针对性的建议和改进措施，为企业的决策提供支持。

（五）撰写报告

略。

六、调查报告的概述

（一）调查报告的定义

调查报告是对客观事物进行调查研究，根据所获成果写成的书面报告。调查是报告的基础，报告是调查的反映。

调查报告也有各种别称，如调查、纪实、考察报告、调查附记等。

（二）调查报告的特点

（1）真实性。调查报告所反映的内容必须是调查研究的真实结果，是经过调查了解到的情况，绝不能是道听途说、东拼西凑的东西。在调查报告中，不仅主要人物和事实要真实，就是事件的时间、地点、过程及各种细节也要绝对真实，不能有半点浮夸和虚假内容。

（2）针对性。进行调查研究，撰写调查报告，是为了解决实际问题，因此要有很强的针对性。同时，也只有针对某个问题进行调查，才容易调查得深入，走马观花式的泛泛调查，是不会有太大的收获的。一般来说，针对性越强，调查的效果就越好，调查报告的作用也就越大。从某种意义上说，针对性是调查报告的灵魂。

（3）典型性。调查报告所反映的内容，无论是经验，还是问题，都具有典型性，要能起到以局部反映全局或以"点"带"面"的作用。调查报告如果所反映的只是没有任何典型意义的个别事例，则不会对工作有指导意义。

七、调查报告的写作

（一）调查报告的写作步骤

1. 确立调查主题

主题是纲、是方向，主题确立后，才能合理地安排人力、物力、财力，确定调查的方法，展开有目的、有针对性的、行之有效的调查。

2. 选择调查方法

（1）普遍调查法，即普查，是指在一定范围内，对所有对象进行全面调查，以获得完整、系统的资料。普查的优点是资料全面、准确、误差小。

（2）典型调查法，即在一定的总体范围内，选择能够代表总体状况的典型深入地调查。准确地选择典型，是此调查法的关键。若典型不具普遍性、代表性，将特殊规律误认为是适用于全局的一般规律，用来指导全局则会造成失误。

（3）抽样调查法，即在需要调查的客观事物的总体中抽取一部分进行调查，以此来推断总体情况。此法的优点是省时、经济，排除人们的主观选择结论，较客观、可靠。

（4）实地观察法，即直接亲身深入调查第一线中去，通过观察、访谈等方式，获取真实、可靠的材料。

3. 收集整理材料

主题一旦确定，就要收集相关材料。调查材料好比是"米"，没有米，巧妇难为无米之炊；没有材料，也无法写成调查报告。材料还有数量和质量的要求：从数量上来说，调查材料必须充分，过少容易以偏概全，依据不足，影响观点的阐述；从质量上来说，不能抓到篮里都是菜，必须经过整理，去粗取精、去伪存真，选择有代表性、有说服力的材料，并做好分析、归类工作。

4. 编写提纲，形成报告

提纲即调查报告的框架，如分哪几部分写、各部分的观点和最后的结论等。编写提纲，可以使调查报告在写作中脉络分明、条理清晰。

（二）调查报告的写作要求

1. 掌握方针政策

调查报告主要是用于反映贯彻党和国家的方针政策，以及贯彻上级指示出现的新形势、新情况、新经验和存在的问题，为领导决策、指导工作、处理问题提供参考。登在报刊上的调查报告更是对广大干部和群众的一种新闻宣传，起着以点带面、推动全局、让人效仿或给人教育等重要作用。因此，写作调查报告必须认真学习、正确领会党和国家的方针、政策，服从、服务于党和国家及上级领导在某一个时期内的中心工作。这样，经过深入调查研究写出的调查报告才更有参考价值和宣传教育作用。

2. 深入调查研究

调查报告，顾名思义，是经过调查以后写出的书面报告。它要靠客观存在的事实说话，不能凭空杜撰。这就要求写作之前要进行深入细致、全面系统的调查，充分占有第一手材料。无论是历史的，还是现实的；正面的，还是反面的；具体的，还是概括的；直接的，还是间接的，都要尽可能收集，充分掌握相关的材料。

3. 分析综合材料

调查是获取材料的第一步，但材料不等于报告。经过深入细致的调查，大量占有材料之后，还必须进行分析、综合，也就是研究。没有分析、综合，就没有调查研究的结果，也没有调查报告。分析、综合的任务是总结经验，发现问题，找出规律，提出办法。对材料进行分析、综合要"正确"，而要做到"正确"，就要运用马克思主义的原则和方法，在正确的思想指导下，运用科学的方法，对材料进行细致的而不是粗略的、深刻的而不是肤浅的、全面的而不是片面的实事求是的分析、综合，才能把调查的原始素材变为真正有用的调查报告的题材。

4. 观点结论鲜明

写调查报告不能只是罗列现象，而必须通过对材料的分析、综合，从中提炼出观点、得出结论。观点、结论是从调查材料提炼出来的认识和判断，材料则是说明观点、结论的依据。无论是几条经验、几条教训或几个要解决的问题，都必须鲜明地提出来，同时分别用真实、充足的材料去证明，采用叙议结合的表达方法，做到观点和材料的有机统一。

（三）调查报告的写作格式

调查报告的格式是标题 + 正文 + 落款。

1. 标题

标题主要有两种写法。

（1）公文式标题，由调查范围 + 调查内容 + 文种构成，如《××市民营经济发展情况的调查报告》。

（2）新闻式标题，有单、双标题形式，一般公开在媒体上发表，如《浦东农村加快城市化步伐　农民生活方式发生新变化》。

2. 正文

由导语 + 主体 + 结尾三部分构成。

（1）导语，概述调查对象的基本情况或概述调查经过。

（2）主体，具体写出调查对象的主要事实和作者的分析评论。由于调查报告的种类不同，因此主体的结构方式也不同，主要有以下三种：

①反映情况的调查报告：情况—成果（问题）—建议。

②介绍经验的调查报告：成绩—做法—启示。

③揭示问题的调查报告：问题—原因—处理意见。

（3）结尾。调查报告结尾的写法灵活多样：或总结全文，深化主题；或提出问题，启发思考；或表示决心，展望未来；或指明方向，提出建议。如果主体部分已把有关内容讲清楚了，结尾部分也可以省略。

3. 落款

写明作者和成文时间。

温馨提示

调查报告与总结辨析

调查报告与总结在写作上有许多相通之处，特别是介绍经验的调查报告与总结，无论从反映的内容或表达的形式上来看，都非常接近。

调查报告与总结的相同点反映在：

1. 它们都是紧密配合形势，宣传党的任务，有较高的政策性。

2. 抓住点上材料，推动面上工作，有较广的指导性。

3. 运用事实说话，揭示事物本质，有较强的针对性。

调查报告与总结的不同点反映在：

1. 行文的目的不同。调查报告行文的目的侧重于对事物情况的探讨、发现、了解，认识事物的客观规律。总结侧重于对自己所做的事做得如何进行评价，总结经验教训，以推动下一步的工作，是对计划落实情况的检查。

2. 行文的时间不同。调查报告的写作是不定期的，发现新情况、新问题随时可以展开调查，事前事后均可以调查。而总结大多是定期的，年末、月末，或者某一阶段工作结束，都要作常规总结，是一种事后的行为。

3. 反映的范围不同。调查报告所反映的范围，可以是本单位的，也可以是外单位的，更多的是社会上的人和事。而总结局限于对本单位、本部门、本地区的人和事作总结，不涉及社会上的事情。

4. 熟悉的程度不同。调查报告中调查者对被调查的人或事，大多并不十分熟悉和了解，正因为如此，需要展开调查，弄清事实真相。而总结则相反，只有对自己所做过的事或经历的事方可总结，否则无法加以总结。

5. 所用的人称不同。调查报告的作者不以当事人的身份出现，所以常用第三人称写作。总结因为是当事人对自身工作的回顾、分析，所以常用第一人称写作。

学生自评表

序号	技能点／素质点	佐证	达标	未达标
1	掌握关键概念	能够了解信息收集的方法和调查报告的撰写要求		
2	问卷调查	能够合理设计问卷，并进行问卷调查		
3	数据分析	能够对问卷调查所获得的数据进行科学分析，并归纳结论		
4	沟通与交流	能够顺利与他人交流，根据实训案例完成调查任务		
5	团队合作	能够进行有效的团队合作，并充分发挥成员各自的特点，互帮互助，共同完成任务		
6	文书拟写	能够调查获得的数据，拟写调查报告		
7	数字办公技术的应用能力	能够利用办公软件设计、发放调查问卷和统计、分析调查数据		
8	口头表达能力	能够现场汇报调查结果，表达流畅，仪态大方		

教师评价表

序号	技能点 / 素质点	佐证	达标	未达标
1	掌握关键概念	能够了解信息收集的方法和调查报告的撰写要求		
2	问卷调查	能够合理设计问卷，并进行问卷调查		
3	数据分析	能够对问卷调查所获得的数据进行科学分析，并归纳结论		
4	沟通与交流	能够顺利与他人交流，根据实训案例完成调查任务		
5	团队合作	能够进行有效的团队合作，并充分发挥成员各自的特点，互帮互助，共同完成任务		
6	文书拟写	能够调查获得的数据，拟写调查报告		
7	数字办公技术的应用能力	能够利用办公软件设计、发放调查问卷和统计、分析调查数据		
8	口头表达能力	能够现场汇报调查结果，表达流畅，仪态大方		

项目三总结会

📶 实训任务

"项目三总结会"实训任务单

项目		三		子项目名称		项目三总结会	
实训课时	2	实训地点			指导教师		
实训学生							
实训目的	完成核心能力测试，分享项目工作的体验，汇总项目材料，评选优秀员工。						
提交材料	总结会（2 000）：填写核心能力层级表（500）、文件汇总并排版（1 500）。						
事务所实训反思	事务所工作分工如下： 在工作过程中，比较困难的事情有： 改变这种困难的状态可以采取以下方法： 使我们项目的工作更加高效的做法：						

实训任务： 项目三总结会（2 000）

项目三主要是市场运营方面的服务工作，经过这个项目的训练，相信你已经做好了走向真实职场的准备。现需要对这段时间的工作进行总结，请准备好秘书事务所最后一次总结大会的汇报材料，并制作相应的PPT，在秘书事务所内进行口头汇报。

任务：

1. 将本项目所有提交材料的纸质版进行整理、电子版进行排版。

2. 写作本项目工作总结和制作汇报PPT。

3. 计算本项目的绩效。

4. 评选本项目最佳员工。

学生自评表

序号	技能点/素质点	佐证	达标	未达标
1	资料收集	能够收集接待、差旅、日常办公事务处理、市场调研等实训任务的相关材料，并做到完整齐全		
2	文书拟写	能够撰写项目三实训的工作总结		
3	沟通与交流	能够顺利与他人交流，完成项目三实训总结的各项任务		
4	团队合作	能够进行有效的团队合作，并充分发挥成员各自的特点，互帮互助，共同完成任务		
5	数字办公技术应用能力	能够运用办公软件制作项目三实训的总结汇报PPT		
6	数据分析能力	能够计算和分析实训任务中各成员的绩效，并评选出最佳员工		
7	口头表达能力	能够现场汇报项目三的实训总结，表达流畅，仪态大方		

教师评价表

序号	技能点/素质点	佐证	达标	未达标
1	资料收集	能够收集接待、差旅、日常办公事务处理、市场调研等实训任务的相关材料，并做到完整齐全		
2	文书拟写	能够撰写项目三实训的工作总结		
3	沟通与交流	能够顺利与他人交流，完成项目三实训总结的各项任务		
4	团队合作	能够进行有效的团队合作，并充分发挥成员各自的特点，互帮互助，共同完成任务		

续表

序号	技能点 / 素质点	佐证	达标	未达标
5	数字办公技术应用能力	能够运用办公软件制作项目三实训的总结汇报PPT		
6	数据分析能力	能够计算和分析实训任务中各成员的绩效，并评选出最佳员工		
7	口头表达能力	能够现场汇报项目三的实训总结，表达流畅，仪态大方		

参考文献

一、图书

[1] 范立荣，王守福.现代秘书学教程[M].6版.北京：首都经济贸易大学出版社，2024.

[2] 向国敏.会议学与会议管理[M].4版.北京：首都经济贸易大学出版社，2023.

[3] 张同钦.秘书学概论[M].4版.北京：中国人民大学出版社，2023.

[4] 赵志强.会议管理实务[M].北京：中国人民大学出版社，2021.

[5] 向阳.新编商务秘书实务[M].3版.北京：电子工业出版社，2021.

[6] 工英玮，陈智为，刘越男.档案管理学[M].5版.北京：中国人民大学出版社，2021.

[7] 向阳，韩开绯.情景化：秘书技能综合实训[M].北京：电子工业出版社，2020.

[8] 张大成.秘书工作实务[M].2版.北京：中国人民大学出版社，2018.

[9] 李正春.秘书学专业实训教程[M].武汉：武汉大学出版社，2017.

[10] 向阳.秘书技能情景化训练[M].北京：北京大学出版社，2016.

二、期刊

[1] 贾燕.信息化时代文书档案收集与归档[J].现代企业文化，2024（21）：28-30.

[2] 袁瑞.文件材料的形成、收集、整理与归档:《企业档案管理规定》解读之五[J].中国档案，2024（5）：30-31.

[3] 王仁艳.企业文件材料归档范围及档案保管期限表编制工作解析与建议探析[J].企业改革与管理，2024（3）：24-26.

[4] 刘闻亮.HR教你做简历[J].成才与就业，2024（3）：20-21.

[5] 周俊玲.高职院校现代文秘专业工学结合实施路径探析[J].办公室业务，2023（15）：86-88,91.

[6] 董丽华.基于立德树人的高职院校美育实践案例:以秘书事务所为例[J].现代职业教育，2022（37）：78-80.

[7] 董丽华，向阳，钟建珍."三全育人" 视域下高校秘书事务所发展路径探析[J].秘书

之友, 2022（10）: 19-23.

[8] 向阳. 智慧教育背景下秘书事务所的致胜之道 [J]. 秘书之友, 2020（12）: 17-20.

[9] 向阳. 从秘书事务所到全国秘书事务所联盟: 以事务所为平台的文秘专业建设模式的形成与推广 [J]. 秘书之友, 2020（4）: 16-23.

[10] 王焕民. 现代行政文秘写作技巧研究 [J]. 办公室业务, 2019（18）: 6.

[11] 林丛. 高职文秘专业"带、演、工、研一体"会务实践教学模式初探 [J]. 秘书之友, 2020（3）: 37-41.

[12] 梁乃正. 企业员工招聘的面试分析 [J]. 现代商贸工业, 2018, 39（34）: 60-61.

[13] 张燕. 简论先能后知新模式会务课程的"四化"特征 [J]. 秘书之友, 2017（9）: 35-37.

[14] 孙晓. 求职应聘书信写作要做到"十忌" [J]. 人力资源管理, 2015（7）: 110.

三、论文

[1] 苏秋龄. 基于协作共同体的中职《秘书实务》课堂教学创新路径研究 [D]. 南宁: 南宁师范大学, 2023.

[2] 赖家兴. 秘书调研工作的主动性和客观性研究 [D]. 广州: 暨南大学, 2021.

[3] 刘疏影. 新时代秘书职业化研究 [D]. 郑州: 郑州大学, 2021.

[4] 李玲. 秘书工作中的会议管理研究 [D]. 广州: 暨南大学, 2015.

[5] 刘君. 秘书参谋职能研究 [D]. 广州: 暨南大学, 2013.

[6] 王琢. 论秘书与领导的沟通原则 [D]. 广州: 暨南大学, 2013.

[7] 郭渊. 论秘书的时间管理艺术 [D]. 广州: 暨南大学, 2013.